DEVENIR CHAMPION

ISBN : 978-2-263-19141-1
Code éditeur : L19141/01
Dépôt légal : mai 2025

Retrouvez-nous sur www.lisez.com
serviceclients@lisez.com

92, avenue de France
75013 Paris

Solar, un département d'Édi8.

Cédric Quignon-Fleuret

DEVENIR CHAMPION

SOLAR

Dédicace

À un très grand passionné de sport et de psychologie
À mon soutien indéfectible
Avec tout mon respect, ma considération et mon amour
À mon père, Xavier

Préface

1996 – Une vingtaine d'années ont passé. J'étais en salle de musculation en entraînement individuel et, conversant avec le préparateur physique de la Virtus de Bologne, je lui expliquai mon intérêt pour la préparation physique. Je souhaitais me reconvertir dans ce domaine. L'homme, la soixantaine, plein d'expérience, n'était pas d'accord avec moi. Il me conseillait de m'orienter vers l'entraînement du cerveau et non celui du corps, où tout était à découvrir...

Avant les JO de Sydney, le groupe France et les joueurs, individuellement, purent bénéficier de l'intervention d'un entraîneur mental (en tant qu'homme de terrain, j'aime cette appellation). Cette personne fut pour beaucoup dans l'obtention de la médaille d'argent.

Ne soyons pas effrayés d'aller entraîner notre cerveau. Il a des capacités incroyables. Reste à les découvrir et à savoir les utiliser. Ceci est un travail très personnel ! Une recherche au plus profond de soi, dans le détail. Avec comme seul objectif d'être plus performant ?

Je suis convaincu que l'approche mentale du sport est primordiale pour réussir... Pour, avant toute chose, être responsable vis-à-vis de soi-même et des autres et assumer ses gestes et ses paroles, avant, durant et après la compétition. La confiance en soi reste la base de la performance sportive et est indispensable à toute réussite. Dès notre conception, toute expérience positive ou négative influe sur cette confiance en soi. Savoir la maîtriser est un enjeu majeur dans toute activité sportive, qu'elle soit compétitive ou de loisirs. J'encourage vivement tout jeune sportif, ou moins jeune d'ailleurs, à mieux se connaître et mieux comprendre sa capacité mentale.

Une aide extérieure est un vrai plus ! La performance sportive est très personnelle (même dans les sports collectifs à objectifs communs). Un avis d'expert dans le domaine pourra être une porte s'ouvrant sur d'autres portes, qui resteront à s'ouvrir...

Aujourd'hui, tout est détaillé et analysé, d'où la nécessité absolue pour le sportif d'être prêt à affronter tous les éléments qui font le sport et la vie moderne. Soyons curieux et heureux d'aller plus loin. Je ne peux passer outre la notion de plaisir, si importante pour la réussite d'objectifs. Tellement différente en fonction de chaque individu. Là encore, chacun d'entre nous a la possibilité de comprendre ce qui le motive, sans tenir compte des à-côtés, être influencé par qui que ce soit. Assumons nos envies, déployons nos ailes pour réaliser nos rêves.

Ce type d'accompagnement, encore en plein développement, est à mon sens bénéfique non seulement pour l'issue d'une compétition, mais aussi pour le bien-être personnel du sportif face à la compétition ambiante. Cette pratique l'aidera à franchir ses propres limites. Quelles sont réellement les limites du cerveau humain ?

Antoine Rigaudeau,
ancien international français de basket-ball

Introduction

Le monde du sport de haut niveau se construit autour de la notion d'objectif. Dans cette optique, voici les miens concernant cet ouvrage. Mon ambition est de relater ici mon expérience de près de quinze années auprès de champions et d'entraîneurs, dans ce qu'ils ont de plus intime, de plus personnel et aussi, je l'espère, de plus touchant. Mon but est d'arriver à raconter, à vous faire appréhender, à travers ces histoires « vraies » de sportifs de haut niveau, la réalité parfois difficile de cette aventure dans laquelle ils s'embarquent dès le plus jeune âge, avec la nécessité d'un engagement total et ce, malgré l'incertitude majeure liée au succès de leur entreprise.

À mon sens, rien n'est plus parlant, et je l'espère plus instructif, que ce partage d'expériences, que ces récits bruts où la vérité du haut niveau nous est livrée, dans ce cadre privilégié et protégé qu'est le bureau du psy. J'essaierai ainsi de vous faire entrevoir la réalité brute de mon travail à travers ces moments choisis de vies de champions. Je tenterai d'illustrer ce à quoi ils ont été confrontés, la manière dont ils l'ont surmonté, dont ils sont arrivés à rebondir après leurs échecs, et enfin comment, pour certains, ils sont arrivés au sommet, au plus haut niveau du monde sportif. Quelles sont les histoires de vie, les histoires psychiques derrière les médailles et les podiums, mais aussi les échecs et les déceptions ?

Je tenterai en outre de donner dans ce livre quelques clés et tentatives de modélisation de mon approche, afin d'aider les sportifs à optimiser leurs potentiels au niveau mental. Néanmoins, cet ouvrage n'est pas un manuel. Il ne contient pas de « recettes magiques » pour atteindre le succès. Il s'agit avant tout d'un regard, celui d'un psy, sur un environnement et une population uniques, dans ce que ceux-ci ont de plus singulier.

Pour ce faire, j'aborderai des thématiques m'étant apparues comme centrales, par le biais de collaborations avec des sportifs, où le travail fut particulièrement « parlant » et/ou efficace, et ce en donnant un bref aperçu d'un travail s'étant étalé le plus souvent sur de nombreuses séances, voire pour certains sur plusieurs années. Gardons donc à l'esprit qu'il ne s'agit ici que d'une fraction du travail, d'un instantané de la collaboration.

Si donc le sentiment d'une « incroyable efficacité » dans le travail pouvait transparaître malgré moi via ces résumés d'entretien, je ne tente en rien, bien au contraire, de me présenter comme un « magicien » du mental qui saurait toujours, et en seulement quelques séances, comment résoudre chaque problème auquel le sportif serait confronté. La réalité du travail psychologique s'inscrit dans la durée, le chemin pour parvenir à des progrès est en règle générale complexe et, rappelons-le, il s'agit avant tout d'un travail à deux. Le psy du sport n'est au mieux qu'un guide efficace dans le travail d'introspection du champion qu'il accompagne.

La réussite de cette collaboration dépendra donc autant de l'intervenant et de la finesse de son analyse que de la capacité du sportif face à ce dernier à s'investir dans le travail et à s'approprier un ensemble de réflexions qui auront émergé lors des séances.

D'autre part, la performance n'est pas que « mentale ». Elle résulte d'un ensemble de facteurs : physiques, techniques, stratégiques et mentaux. Le sportif ainsi que les entraîneurs et les nombreux membres de son entourage (médecins, diététiciens, kinés, chercheurs, préparateurs physiques, etc.) jouent un rôle prédominant dans le développement de ces facteurs. Le psy du sport essaie (humblement, si possible) d'être à son tour un facteur positif dans ce domaine précis du « mental » ou de l'équilibre psychologique. C'est bien la somme de tous ces facteurs qui fera au final la performance et celle-ci appartiendra toujours et avant tout au sportif lui-même.

Pour illustrer ce livre, j'ai puisé dans les nombreuses collaborations que j'ai pu avoir avec des sportifs de haut niveau durant près de quinze ans, en tant que préparateur mental auprès de différentes fédérations, en libéral au sein de mon cabinet et enfin durant les treize années que j'ai passées à l'Insep (l'Institut national du sport, de l'expertise et de la performance). J'ai ainsi pu piocher dans un vaste choix d'histoires et les cas cliniques présentés dans cet ouvrage n'en sont pour moi que plus facilement « dissimulables ».

La question du respect de la confidentialité et de l'anonymat relatif à ces histoires fut d'ailleurs une réelle appréhension au départ de ce projet et je tiens donc à préciser que j'ai pris un soin tout particulier à modifier tout élément (prénoms, anecdotes, disciplines sportives, âges) qui aurait permis au sportif lui-même de se reconnaître et/ou à son entourage de pouvoir facilement l'identifier. Si l'un de mes « ex-patients » venait donc à se reconnaître dans l'une de ces histoires, je tiens à le rassurer sur le fait que le scénario le plus probable reste simplement qu'il se reconnaisse dans ce parcours.

Et c'est bien quelque part le but recherché. En effet, les fragments de consultation présentés ici ont avant tout pour objectif d'être représentatifs des modèles théoriques développés par la suite. Par ailleurs, certains champions ont également accepté de témoigner « à visage découvert » et je les remercie chaleureusement de bien avoir voulu partager leurs histoires pour, je l'espère, le plus grand bénéfice de leurs collègues sportifs (actuels, passés et futurs).

Mes remerciements sincères vont également aux entraîneurs de grande renommée qui ont accepté de livrer leurs réflexions et leur regard d'experts sur les aspects psychologiques de leur métier. Enfin, et surtout, un immense merci aux très nombreux sportifs dont j'ai croisé la route durant toutes ces années. Qui m'auront fait confiance et avec lesquels nous aurons tenté de repousser leurs limites et d'aller au plus près de leurs objectifs. Tenté de comprendre et d'apaiser leurs peines. Tenté de surmonter des échecs, de trouver un nouvel élan. Tenté de garder le rêve vivant.

Merci pour leur magnifique et touchante nature. Pour leur formidable sincérité. Pour leur volonté hors du commun. Toutes ces qualités forcent mon admiration et mon plus profond respect. Sûrement car plus que quiconque, je mesure à son juste niveau l'immense difficulté du challenge qui est et fut le vôtre. Être sportif de haut niveau n'est pas donné à tout le monde. C'est déjà une victoire en soi. C'est déjà toucher à l'extraordinaire. Et pourtant, le sportif en veut plus... Toujours plus...

Apprentis champions, sportifs confirmés ou retraités des terrains, ce livre vous est donc avant tout destiné. J'espère pour les plus anciens qu'il vous touchera, vous interpellera, vous donnera matière à réflexion et pour les plus jeunes, qu'il pourra vous donner des pistes dans la construction de votre projet sportif. Pour vous, sportifs de demain, ces quelques mots : que vos rêves soient grands, que votre ambition soit sans limites, que vos yeux continuent à briller d'étoiles. Vous portez en vous ces projets fous, ces rêves que nous autres, « commun des mortels », car trop lents, trop petits, trop faibles ou trop peu résilients, avons laissé s'effacer dans un coin de notre enfance.

Rien ne sera jamais plus fort et ne vous portera plus loin que cette flamme qui s'alluma un jour en vous, dans vos yeux d'enfants, et qui dès lors consuma votre âme. Ce moment lointain, où devant votre télévision, ou seul sur votre terrain, votre regard pointé vers l'avenir, vous avez pensé au plus profond de votre âme : « **Un jour, je serai champion !** » Pensez donc à garder la flamme forte et vivante. Elle se nourrit de ce qu'il y a de plus pur, de plus profond et de plus sincère en vous. C'est au cœur de votre intimité que se construiront vos succès futurs.

Et à vous, lecteurs, à tous les passionnés du sport sous ces multiples facettes, je vous propose de plonger votre regard dans cette belle intimité. Bonne lecture.

Cédric Quignon-Fleuret

PARTIE I

« Je serai un champion ! »

Aux origines de la croyance

« Rêver un impossible rêve [...] pour atteindre l'inaccessible étoile. »

Jacques Brel

1

À la conquête du haut niveau

1.1 La poursuite du rêve de l'enfance

« *Soyons réalistes, exigeons l'impossible.* »
Che Guevara

▲ L'histoire

« Au départ, tout était si facile... »
Éléna, 18 ans, athlète-sprint[1]

Je termine un long et difficile entretien. Le sportif qui sort à l'instant de mon bureau commence tout juste à se remettre psychologiquement d'une longue série de blessures à répétition. Mais son moral a été profondément atteint pendant cette période et repartir de l'avant ne sera pas chose aisée. Alors que je le raccompagne, j'aperçois une jeune sportive, souriante et le visage détendu, qui semble faire le pied de grue devant la porte de mon bureau.

Je l'interroge : « *Bonjour. Vous aviez rendez-vous ?* » « *Non* », me répond-elle. « *Mais c'est une urgence ! Vous avez un moment ?* » « *O.K., entrez* », lui dis-je.

---

1. Comme pour tous les cas cliniques présents dans ce livre, le nom du sportif(ive) a été modifié et parfois, si nécessaire, également son âge et sa discipline. Néanmoins, les histoires décrites restent toujours fidèles au contenu des séances et au travail entrepris.

À peine assise, Éléna, sprinteuse de 18 ans, se métamorphose. La panique se lit sur son visage. Je lui demande de m'expliquer ce qui l'amène. Éléna, comme beaucoup de jeunes atteignant le haut niveau, a accompli un parcours d'excellence. Elle a enchaîné les réussites sportives, mais depuis son arrivée dans la structure, tout est plus difficile. « *Je n'y arrive plus* », se désole-t-elle.

En réalité, quelques minutes d'entretien me suffisent à comprendre qu'il n'y a rien de bien alarmant dans les difficultés sportives d'Éléna et que son problème s'inscrit dans une logique période d'adaptation, comme pour tout jeune sportif arrivant dans une structure de très haut niveau, au fond. Les partenaires d'entraînement sont plus forts, les heures d'entraînement plus nombreuses et donc la fatigue beaucoup plus présente (ce qui joue fréquemment, bien sûr, sur le développement de problématiques anxieuses). Il lui faudra, comme pour tous ces apprentis champions, plusieurs mois pour digérer ce nouveau rythme.

Mais cela, Éléna ne l'entend pas. Elle commence par me décrire les sacrifices que ses parents ont dû faire pour elle afin qu'elle rejoigne la structure et de payer les frais inhérents à sa pratique. « *À la maison, tout le monde croit en moi. Et je vais merder. Je vais tous les décevoir ! Leur faire honte !* » m'explique-t-elle, en sanglots.

Éléna se voit championne, mais ce rêve qu'elle chérit depuis sa petite enfance, ce formidable moteur qui l'a animée depuis si longtemps de rendre fiers ses proches, est devenu comme souvent une pression, une obligation de réussite et une peur terrorisante de l'échec. Comme si tout cela était ou devait être facile. Elle ne veut plus seulement y arriver ; dans son esprit, elle *doit* y arriver, sinon…

Et justement : « *Sinon quoi, Éléna ? Vous pensez donc que vos parents vous en voudront si vous n'y arri-*

vez pas ? » Elle prend quelques secondes pour sécher ses larmes et je la vois, pour la première fois, vraiment considérer cette proposition, en dehors de son « angoisse inconsciente ». « *Non* », me dit-elle. « *Ils seront déçus... Mais ils ne m'en voudront pas. Au fond, ils me soutiennent. Ils ont été champions eux-mêmes, donc ils savent ce que c'est...* »

Je reprends : « *O.K., Éléna. Mais ils seront déçus de vous ou... pour vous ?* »

À nouveau, Éléna prend le temps de digérer cette nouvelle nuance qui lui était totalement inconnue jusqu'alors. « *Pour moi*, assure-t-elle après quelques secondes. *Non, ils seront juste déçus pour moi, car ils savent que je serai triste si j'échoue...* »

J'insiste sur l'importance de cette nuance auprès d'elle, afin qu'elle parvienne à cerner ce fantasme « classique » de la perte d'amour parental en cas d'échec sportif. En prendre conscience et s'en éloigner créeront alors un soulagement quasi immédiat. À partir de là, je vais travailler pour qu'elle puisse entendre ses angoisses.

Il sera en effet important, pour cette jeune athlète, d'arriver à formaliser quelques éléments essentiels à sa stabilité psychique. Dans un milieu où le terme de confiance en soi est souvent banalisé, la confiance de base consiste en premier lieu à se sentir en sécurité sur des aspects émotionnels « primaires ».

Le sportif confronté à ce type de situation pourra ainsi se rassurer en s'appropriant un discours de ce type : « *Oui, mon projet sportif m'appartient toujours. Non, je n'ai pas l'obligation de réussir à tout prix. Oui, je peux rencontrer des difficultés, je peux même échouer plusieurs fois et continuer à rendre mes parents fiers. Oui ils continueront à m'aimer.* »

Je décide alors de recentrer la conversation sur ce qui l'a amenée à être si brillante jusque-là. Les réponses, les sportifs les détiennent le plus souvent eux-mêmes et il s'agit avant tout pour eux de se souvenir de ce qu'ils ont oublié.

« *Au fond, Éléna, pourquoi avez-vous envie de gagner dans le sport, pourquoi est-ce si important ?* » La jeune championne me regarde étrangement, comme si la question était incongrue et n'appelait depuis toujours qu'une réponse évidente.

Finalement, elle conclut : « *Pour faire des grandes choses. Pour briller, m'éclater, montrer de quoi je suis capable. Aller au bout de moi-même.* » Je souris : « *Eh bien, ça a l'air sympa comme programme, dites-moi ! Ça fait envie ! Et est-ce que vous courez pour cela depuis votre arrivée dans la structure ?* » Elle sourit à son tour : « *Non... Pas vraiment...* » avoue-t-elle.

Je me dis alors qu'il serait bon de lui offrir cette perspective : « *O.K., Éléna. Eh bien maintenant, on va travailler pour que vous couriez pour cela. Pour vous éclater et tout faire pour devenir la meilleure. Entendu ?* » Comme si nous venions de passer un accord, elle confirme : « *D'accord. Je vais essayer.* »

Comme pour Éléna, le beau rêve du début disparaît parfois bien vite et mon travail consiste très simplement à tenter de le faire ressurgir, de manière à ce qu'il se replace au centre du projet de l'athlète.

▲ L'analyse

Devenir un champion est avant tout une poursuite, presque insensée, afin de concrétiser des rêves et des images fantasmées, issus de la petite enfance. L'enfant se rêve homme ou femme « champion-héros ». Et ce processus naturel est en fait tout à fait nécessaire à la poursuite des objectifs sportifs.

Qui ne s'est pas en effet rêvé soulevant la Coupe du monde de football sous la forme d'une bouteille de Coca-Cola, qui pour l'occasion semblait à nos yeux un trophée en or massif ? Ce désir de l'enfance prend racine, dans le Jeu, le Plaisir[1] et dans l'envie d'un Moi triomphant. Lorsque ce désir est suffisamment fort et que de rêve, il se mue alors en objectifs à atteindre, il constitue l'essence qui alimentera le moteur intérieur des sportifs de haut niveau. Le fantasme de devenir ce qui en principe est inaccessible trouve sa source dans la merveilleuse naïveté de l'enfance. C'est sûrement d'ailleurs ce qui rend nos sportifs si touchants.

On perçoit bien souvent en eux ce vestige de l'enfant joueur, frondeur et extrêmement confiant que nous avons un temps été et qui aura fréquemment cédé la place à un adulte plus terre à terre, plus raisonné. « *Toutes les grandes personnes ont d'abord été des enfants, mais peu d'entre elles s'en souviennent* », écrit Saint-Exupéry.

L'enfant qui jouait et performait avec aisance, naturellement, laisse donc rapidement la place, dans le haut niveau, à un être plus raisonnable. Plus conscient de son projet et des enjeux qui en résultent.

Préserver l'enfant rêveur

Jacques Brel déclara à ce propos dans une interview qu'il « *n'y a rien de plus terrible dans la vie que d'être raisonnable* ». Je reprends fréquemment cette notion auprès des sportifs et ainsi l'idée que la raison, et donc l'adulte en nous, sont les assassins silencieux de nos

1. Le Plaisir et le Jeu sont des moteurs puissants du psychisme infantile. Ils propulsent l'enfant dans son développement psychomoteur et intellectuel. Il ne s'agit donc pas de considérer le Plaisir comme un confort ou le Jeu comme une simple distraction, mais bien comme des fondements du rapport du sportif à sa discipline.

rêves les plus insensés… Le rêve que l'on garde vivant et alerte en soi n'est pas seulement une projection fantasmatique, il est aussi et tout à la fois la destination et le moteur de nos projets.

Le merveilleux et l'impossible sont bien plus l'apanage de notre Moi archaïque (la partie primaire, infantile de notre inconscient). Et quelle meilleure parade en effet à cette faucheuse de rêves qu'est notre sage raison, que la folie créatrice et sans limites des rêves de l'enfance ?

Au fond, seuls un fou ou un enfant peuvent légitimement penser : « *Un jour, je serai le meilleur du monde !* » C'est cet enfant-là qui est la source de tout. Il s'agira donc pour le sportif de le préserver, de le chérir et, bien souvent, s'il l'a perdu de vue, de partir à sa recherche. Car le réel fera bien vite irruption et sa brutalité sera difficile à encaisser. Contre-performance, blessure, concurrence, injustices diverses…

L'enfant rêveur s'apercevra rapidement que l'univers du haut niveau n'est pas un conte de fées et que comme le dit l'adage : « *Sans travail, le talent n'est rien.* » Dans le cadre du sport de haut niveau, on pourrait même faire évoluer cette formule en un : « *Même avec beaucoup de talent, un travail colossal sera impératif (et encore, c'est pas gagné !)…* »

L'effort, la persévérance, la combativité deviendront donc rapidement des maîtres mots, bien devant ceux de « plaisir » ou de « rêves ». D'ailleurs, dans le sport de haut niveau, on ne parle pas de « rêves », mais d'« *objectifs* » ou encore de « *projet de performance* » (en effet, c'est tout de suite beaucoup moins poétique…).

L'enfant champion, qui deviendra adolescent champion, va donc laisser s'effacer progressivement le doux rêveur au profit d'un jeune adulte structuré, cadré, déterminé et impatient de concrétiser son projet, poussé et encouragé en cela au quotidien par son environnement.

C'est un processus bien naturel et d'ailleurs l'une des fonctions des entraîneurs est de confronter ces jeunes sportifs au réel. De les aider à faire la passerelle entre enfance et âge adulte.

Le haut niveau, c'est précisément cela. Richard Billant, directeur du Centre fédéral de basket-ball de l'Insep et ancien coach de l'équipe de France espoirs championne d'Europe (où il a entraîné des joueurs comme Tony Parker, Nicolas Batum ou Boris Diaw), développe ce concept : « *Il ne faut pas casser les rêves et, en même temps, ne pas bercer les sportifs d'illusions. Il faut décrire simplement la réalité. Plus on va monter, plus cela va être difficile : c'est cela, la réalité ! Il faut les confronter à cela en disant que l'on va tout faire pour les aider. Il faut le Travail, le Temps et le Talent. La règle des 3 T. Il faut mettre autour de lui un projet et travailler ensemble. On passe du rêve au projet sportif par le biais d'une structure sportive. "Il y aura du sang et des larmes", comme disait Churchill, mais on peut y arriver. Enfin, il faut aussi les prévenir des dangers possibles, qui sont nombreux.* »

Oui, une fois atteints, les rêves sont merveilleux, mais emprunter le chemin qui y mène reste quand même beaucoup d'efforts, de souffrances, de sacrifices et de déceptions. Seuls quelques rares élus possédant une détermination sans faille, alliée à un talent hors normes pour leur sport, pourront dès lors continuer l'aventure.

Le risque de la perte de sens

Ainsi au fil du temps, de stage en stage, de compétition en compétition, d'entraînement en entraînement, quelque chose de plus mécanique, de plus contrôlé s'installera chez l'enfant/adolescent champion. Un être bien plus raisonné, qui aura su mettre en place une stratégie temporelle très précise afin d'atteindre le plus haut niveau et l'expression pleine de tout son potentiel. Preuve de la nécessaire préparation au millimètre, un sportif de haut niveau pourra fréquemment détailler son projet sportif, mois par mois et cela sur une, voire plusieurs années.

L'adulte déterminé va émerger et l'enfant rêveur va discrètement s'effacer à son profit

Et si là encore, ce processus est à la fois naturel et nécessaire, il n'est pas sans contrepartie. Car avec l'usure du temps, **la performance ne va plus, à terme, s'inscrire aux yeux de l'athlète comme un accomplissement de soi, mais plutôt comme un soulagement**. Une récompense légitime et attendue aux efforts fournis.

La perte de sens dans la performance est la conséquence directe de ce processus, qui pourra mettre la poursuite de la carrière en danger. Cela transparaîtra dans le discours des athlètes lorsque je les interroge sur le pourquoi de leur déception postcompétition. « *Cela ne sert à rien de m'entraîner autant si c'est pour faire de la merde !* » me diront-ils. Il est loin, l'enfant soulevant sa bouteille de Coca-Cola sous les hourras d'une imaginaire foule en délire...

Le sportif peut, en effet, ne pas voir le piège qui s'est refermé sur lui. La perf n'est plus magnifique, ne lui apporte plus de réel plaisir, **elle est le sens en soi** : performer pour performer. Parce que si je m'entraîne, c'est pour performer. C'est tout. Mais pourquoi être performant ? Pour la gloire, l'argent, le plaisir, les émotions ? Pourquoi, au fait ?...

Une interrogation reprise par Yannick Noah dans son livre *Secrets, etc.* : « *Mon approche du sport et de la vie, je la dois à des années et des années passées à essayer de répondre à ces questions : à quoi sert un champion ? Pourquoi le sport me paraît-il tantôt infiniment grand, tantôt si dérisoire ? Où se situe mon équilibre ? C'est quoi, le bonheur ? Comment donner un sens à ce que je fais ?* »

Il faudra alors puiser, aller chercher la dimension première qui a fait choisir au sportif cette voie au départ, au commencement. Revenir au début. Remonter à la source de son Désir, qui le transcendait. Qui rendait invincible et qui maintenant le fragilise.

Car si l'enfant est par définition invincible et tout-puissant, l'adulte est, lui, fragile et vulnérable. Il a été heurté par le réel et les épreuves de la vie. Le sportif tentera donc de se construire un personnage fruit de la rencontre du rêve sans limites de l'enfance et de la raison protectrice de l'âge adulte. Vaste challenge.

1.2 Le prolongement de l'adolescence : une insouciance utile et dangereuse à la fois

▲ L'histoire

« Si je me donne à fond et que j'échoue : c'est plus dur à encaisser ! »
Michaël, 23 ans, karatéka

J'ai déjà vu Michaël deux ou trois fois en séance. Nous travaillons, à sa demande, sur l'analyse de sa problématique de performance. Il m'a décrit lors de son premier entretien des difficultés récurrentes liées à sa motivation.

Souvent présent dans les grands rendez-vous, Michaël disparaît dans les compétitions à moindre enjeu, mais aussi lorsqu'il est confronté à des adversaires plus faibles que lui. Michaël a toujours été considéré par ses entraîneurs comme un sportif « *talentueux, ultra doué, mais peu bosseur* ». Un constat qu'il reconnaît volontiers lui-même.

Son enfance et son adolescence furent agréables, mais Michaël reste marqué par le départ de son père au moment du divorce. Un père avec lequel il n'aura plus de liens par la suite. Ainsi, si l'absence réelle du père semble avoir été acceptée, il m'apparut rapidement au cours de nos premières séances qu'il en allait autrement de l'absence de la « fonction paternelle » et que cela semblait avoir eu un impact évident sur lui.

Comme souvent, il arrive à l'entretien souriant et détendu.

Cédric : « *Bonjour, Michaël. Comment ça avance, alors ?* »

Michaël : « *Ça va,* soupire-t-il. *J'essaie de me motiver, mais c'est dur. Des fois, je n'ai même pas envie d'aller m'entraîner. Je préférerais rester au lit ou regarder la télé.* »

C. : « *Pourtant, tes objectifs sont très élevés !* (NDA : il vise un titre olympique.) *Il n'y a pas là une forme d'incohérence ?* »

M. : « *Si, c'est vrai,* reconnaît-il. *Pourtant, j'adore la compétition. Mais c'est comme si je me sabordais moi-même. C'est comme pour les études. Je révise à la dernière minute. Souvent, j'ai la moyenne. Mais je me dis que si j'avais bossé davantage...* »

Cette réflexion m'interpelle et je décide de creuser la question avec lui.

C. : « *Justement, Michaël, si tu bossais davantage, tu aurais de meilleures notes. Et si tu étais aussi motivé pour toutes les compétitions et tous les entraînements ? Que se passerait-il, à ton avis ?* »

Il répond instantanément : « *J'aurais de bien meilleurs résultats, c'est sûr. Mais aussi plus de pression. Là, je ne suis pas attendu, donc je ne peux pas vraiment décevoir. Si j'étais à fond tout le temps, les gens s'habitueraient à ce que je gagne tout le temps aussi* », explique-t-il, presque surpris d'entendre ses propres réflexions.

C. : « *Donc, en fait, être aussi bon que possible, cela te fait peur ?* » lui fais-je préciser.

Il prend une minute de réflexion et reprend.
M. : « *C'est surtout que tout le monde m'a toujours dit que j'étais doué. Et au fond, si ce n'était pas vrai ? Si je donnais tout et que j'échouais ?* »

Je lui lance un regard complice, car il comprend comme moi que nous sommes sûrement au cœur de sa problématique.
C. : « *Oui, tu as raison. Si tu donnes tout et que tu échoues, ce sera une réelle déception. Mais en même temps, penses-tu vraiment pouvoir atteindre tes objectifs si tu ne donnes pas le meilleur de toi-même au quotidien ?* »

Avec l'humour qui le caractérise, il me répond dans un éclat de rire.
M. : « *Eh bien... C'est pas gagné, c'est sûr !* » Puis, plus sérieux : « *Non, en fait, je n'ai aucune chance d'y arriver comme ça.* » Il me regarde alors d'un air décidé

et, comme de nombreux sportifs avant lui, au moment de conclure une séance, il me lance : « *Bon, mais alors, qu'est-ce que je dois faire ?* »

Comprendre une problématique est une chose. Mais pour une majorité de sportifs, seul compte ce qui est concret. La mise en application en quelque sorte. D'après mon expérience, s'il ne s'agit pas de dire au patient « ce qu'il doit faire », il n'est pas non plus très constructif pour lui de le laisser repartir sans aucune piste ou direction à investir. Je lui réponds donc posément.

C. : « *Bonne question, Michaël. Que peux-tu faire ?* »

▲ L'analyse

La suite des entretiens nous amènera à explorer cette crainte à s'investir totalement dans son projet sportif, la question de sa peur à s'assumer pleinement en tant qu'« adulte responsable », lui qui vivait jusque-là dans une insouciance agréable, mais incompatible, au fond, avec son projet sportif.

Quelques mois plus tard, fort d'un positionnement clair et assumé, Michaël connaîtra sa première grande victoire en compétition internationale. Mon travail avec lui fut bref, mes retours simplissimes, mais pour autant, cette prise de conscience sembla avoir débloqué un mécanisme de confiance chez lui. Dès lors, je ne le revis plus qu'occasionnellement. Il vint me solliciter presque plus pour le plaisir d'échanger avec moi qu'en raison de difficultés majeures, me semble-t-il.

Je me ferai plus tard la réflexion que cela fut peut-être aussi pour lui une manière de conserver ce lien symbolique « paternant » qui lui avait probablement fait défaut lorsqu'il s'agissait pour lui de devenir pleinement « adulte ». Mais le cas de Michaël est loin d'être isolé.

Le confort de l'enfance et de l'adolescence

En conséquence d'un processus identitaire logique, mais également en lien avec des institutions sportives souvent « maternantes », **le sportif de haut niveau prolonge fréquemment des fonctionnements propres à l'adolescence**. Le recul et la distance liés à l'évolution de sa position adulte situent alors le sportif dans un paradoxe. Car le développement de son autonomie et, en conséquence, le développement de sa confiance en lui s'opposeront de fait à son maintien inconscient dans l'enfance et donc dans une certaine insouciance, qui lui sont également nécessaires à sa réussite.

Il lui faudra donc, comme souvent, s'inventer **un juste milieu**. Une position « médiane » où il oscillera entre **un adulte raisonnable**, prévoyant, voire parfois « quasi obsessionnel » dans le contrôle de son temps et de son environnement **et un enfant rêveur**, insouciant, détaché des conséquences de l'échec et sans limites.

Le sportif de haut niveau tentera de se construire un psychisme adapté à son environnement et à même de répondre aux challenges qui l'attendent. **Vouloir devenir un champion, c'est donc fréquemment vouloir prolonger les rêves de l'enfance.** Ainsi, le risque de prolonger un comportement enfantin ou plutôt « ado » n'est pas anormal dans cet univers. Et cela, comme peut l'illustrer l'histoire qui précède, cela n'est pas sans poser quelques problèmes.

Car si le jeune champion opte inconsciemment pour ce mode de fonctionnement, c'est qu'il n'est pas non plus dépourvu pour lui de quelques bénéfices. L'insouciance au moment de se confronter à un événement sportif majeur peut s'avérer une arme d'une redoutable efficacité. D'ailleurs, il suffit d'observer quelques champions pour voir que certains recherchent ce relâchement de manière stratégique et par le biais d'une insouciance qui se traduit par une prise de distance avec l'événement. Fabien Barthez pouvait ainsi fréquemment plaisanter dans les vestiaires avant de grands matchs (notamment pendant la Coupe du monde de 1998), là où beaucoup de ses coéquipiers cherchaient au contraire à s'isoler afin de mieux se préparer.

Même lors de finales olympiques ou mondiales, Usain Bolt affiche quant à lui un sourire espiègle et se livre à quelques facéties devant les caméras avant le départ de ses courses. Il a toute l'apparence d'un individu ne saisissant presque pas la réalité de l'enjeu (il est par ailleurs intéressant d'observer le changement total de son expression au moment de se mettre en position de départ et l'intense concentration dans laquelle il bascule alors).

La capacité à rester dans le jeu est donc un atout non négligeable au moment où la tension est à son extrême. Ne pas forcément « réaliser » ou « avoir conscience des enjeux », ne pas se « *prendre la tête* », comme disent les sportifs, s'apparente souvent à une stratégie de contrôle du stress.

Mais si ce détachement sert le sportif le jour J, en revanche, il peut le desservir dans une stratégie motivationnelle à court ou moyen terme ou encore dans sa vie de tous les jours.

Comme souvent, il sera question de juste milieu. D'équilibre entre ces notions.

Dans notre histoire, Michaël tente inconsciemment d'échapper à la pression de s'accomplir en tant que sportif de haut niveau, en ne se donnant pas à fond. Le comportement « ado » peut également se traduire par le manque d'autonomie. Souvent en retard à l'entraînement, tête en l'air, peu investi dans les études, le sportif « ado » s'en remet à son environnement, qu'il va souvent tenir pour responsable de son manque d'investissement. « *On ne m'a pas bien dit, bien expliqué, le coach a quelque chose contre moi, les arbitres m'en veulent, etc.* » Tout un tas de justifications classiques qui présenteront l'avantage de lui permettre une absence de remise en question.

Trouver les bénéfices de la position adulte

Or, dans le cas des sportifs, il s'agit rarement de fainéantise (car en général et si c'est vraiment le cas, on ne choisit pas de faire du sport de haut niveau, puis on ne parvient même pas à un niveau de « champion espoir », à moins d'être un prodige technique ou physique). Il s'agit bien plus souvent de blocage inconscient. Celui-ci peut relever de la peur de se confronter à son vrai niveau et d'être déçu soi-même, de décevoir ses parents (qui ont souvent soutenu ou réalisé des sacrifices pour aider à la construction du projet sportif), mais aussi à la peur de choisir un projet d'études, car la bascule vers le monde adulte leur est inconnue et donc effrayante.

Souvent, les sportifs de haut niveau ignorent très longtemps la réalité du monde adulte et de ses contraintes. Entre centre de formation et de préformation, Creps[1] et autres institutions de haut niveau tel l'Insep[2], totalement tournés vers leurs projets sportifs, ils ont souvent mis de côté, clivé les angoisses classiques des ados, qui voient normalement fondre sur eux les dures et parfois tristes réalités du monde des « grands ».

1. Creps : **Centre de ressources, d'expertise et de performances sportives.** Il s'agit de centres régionaux d'entraînement pour sportifs.
2. Insep : **Institut national du sport, de l'expertise et de la performance.** Situé au bois de Vincennes près de Paris, l'Insep regroupe près de 700 sportifs de haut niveau pour une vingtaine de disciplines. De manière générale, un tiers de la délégation olympique pour la France aux JO est issu de l'Insep, ainsi que deux tiers des médailles obtenues.

Les jeunes champions sont des jeunes à part. Ils vivent en « internat » parfois jusqu'à 30 ans (et plus dans certains cas) et ont souvent tout sur place (études, structures d'entraînement, repas, médecins, kinés, psy...). Pas étonnant donc que certains se retrouvent totalement désemparés quand, du jour au lendemain, ils doivent passer dans le monde réel à l'extérieur et s'assumer par eux-mêmes.

Au fond, le SHN[1] est au cœur d'une réelle complexité de positionnement psychique. Il doit, pour s'accomplir en tant que champion, être confiant, autonome, déterminé et maître de son projet sportif, tout en conservant une certaine insouciance et légèreté pour ne pas crouler sous le poids de la pression des compétitions à forts enjeux. Il doit enfin y parvenir au sein d'institutions maternantes et d'un environnement souvent protecteur, voire parfois infantilisant.

J'ai à ce propos été parfois interloqué par le paradoxe de certains entraîneurs qui reprennent en permanence leurs athlètes sur le terrain (au point de presque les paralyser), surveillent leur alimentation, leurs études, qui vont même jusqu'à s'immiscer dans leur vie privée (sans que cela soit voulu par ces sportifs) et qui demandent ensuite à ces mêmes personnes d'être des monstres de confiance le jour de la compétition. Des adultes performants, autonomes, efficaces et capables de trouver par eux-mêmes les parades adéquates.

Richard Billant reprend cette idée : « *Je pense qu'il faut être bienveillant. Il faut aimer ses joueurs et à la fois conserver une forme de distance. On peut être proche sans être familier. Il faut des limites. Nous ne sommes*

1. SHN : sportif de haut niveau.

pas des parents de substitution, mais il nous faut néanmoins être à l'écoute. Il y a une nécessité à être stable émotionnellement. Il y a des coachs qui montent très vite dans l'énervement, qui profèrent des insultes et qui redescendent aussi vite. Ce n'est pas bon pour les joueurs. Ils ont besoin de sentir chez l'adulte une forme de stabilité émotionnelle. Le joueur, ce n'est pas un copain. Il n'y a pas à s'immiscer dans sa vie privée une minute et le reprendre sur le terrain la minute d'après ! Un joueur ne peut pas comprendre cela. »

Bien sûr, il ne s'agit pas là d'une règle. La plupart des entraîneurs que j'ai pu rencontrer dans le haut niveau ne tombent heureusement pas dans cette caricature et ont depuis bien longtemps compris l'intérêt qu'il y avait à responsabiliser et à traiter en adultes les jeunes sportifs sous leur responsabilité. Ils ne forment pas que des sportifs, mais avant tout, de jeunes hommes et de jeunes femmes. De jeunes gens qui devront être responsables et confiants, qui auront la détermination des guerriers et l'insouciance des rêveurs… Une gageure pour ces encadrants que de guider sur cette voie les apprentis champions.

1.3 La perte de la Toute-Puissance : un sentiment d'invincibilité qui disparaît

▲ L'histoire

« Non, moi, je n'accepte pas. Moi, je suis invincible et je n'ai pas le droit d'être blessé… »
Rémy, 17 ans, judoka

C'est un véritable colosse qui est posé face à moi en en cette fin d'après-midi d'hiver. Plus de 2 m et 100 kg me fixent posément. Quasi figé sur la petite chaise de mon bureau, qui disparaîtrait presque sous l'immensité de son corps.

Avec le temps, j'ai pris l'habitude de ne plus être impressionné ou intimidé par ces gabarits hors du commun. Assis devant moi, je vois avant tout un ado fragilisé et fatigué, bien plus qu'une montagne de muscles. Recroquevillé sur sa chaise, ce judoka de 17 ans me lance comme à son habitude un regard complice et fait un sourire en coin lorsque je lui adresse le fameux « *Comment ça va ?* ».

Et la réponse, je la devine. Rémy expérimente la première vraie blessure de sa carrière. La première le forçant à un arrêt total de plusieurs semaines. L'angoisse qui entoure cet arrêt forcé, le stress lié à l'incertitude sur son retour et la déstabilisation psychologique, je les perçois, car je les ai bien souvent entendus dans ce bureau.

Rémy : « *Bof… Comme d'hab'. C'est dur,* répond-il. *Je vois les autres qui s'entraînent et qui progressent, pendant que moi je perds du temps. Je me dis que je ne vais jamais pouvoir les rattraper. Tout ce que je peux faire, c'est de la muscu et aller à des cours qui me font chier…* »

Cédric : « *Tu sors un peu, tu vois des amis ? Tu essaies de te changer les idées ?* »

R. : « *Non, je n'ai envie de rien. De toute façon, quand je suis avec mes potes, ils parlent trop de compétition et moi je suis mis à l'écart. C'est comme si j'étais transparent. J'ai l'impression de ne plus exister, en fait… D'être invisible… C'est étrange.* »

J'essaie alors de lui rappeler la normalité de sa situation.

C. : « *Bon, Rémy, c'est ta première blessure. C'est normal de ne pas très bien le vivre. Mais là, tu es bientôt au bout.* (NDA : il sort de trois mois d'arrêt et devrait reprendre d'ici quelques semaines au plus.) *Peut-être peux-tu arriver à ne pas compter les jours et en profiter pour t'intéresser à d'autres choses, non ?* »

R. : « *Je n'ai pas l'habitude de faire ça,* répond-il. *Moi, j'ai toujours fait la course en tête. Je m'entraîne toujours à fond. C'est là-dessus que je construis ma confiance. Là, je vois les autres qui me dépassent, qui partent en compétition, ça me rend fou ! Je prends du retard* », soupire-t-il.

C. : « *Rémy, je comprends. Mais cela fait partie de la vie d'un sportif de haut niveau que de vivre cela. Quasiment tous les athlètes connaissent une ou plusieurs périodes de ce type. L'exception, c'est de faire une carrière sans blessure ! Pas l'inverse. Ça arrive à presque tout le monde, malheureusement.* »

R. : « *Ben justement,* m'interrompt-il. *Moi, je ne suis pas comme tout le monde !* »

J'essaie de l'apaiser.

C. : « *Rémy, les blessures, c'est avant tout ton corps qui te dit stop. Et en tant que champion, il te faut apprendre à écouter ce message. D'ailleurs, dans ton cas, tu n'y peux rien, c'était un accident. Il faut l'accepter.* »

Il me regarde alors droit dans les yeux et me lance, un brin provocateur : « *Non. Moi, je n'accepte pas. Moi, je suis invincible et je n'ai pas le droit d'être blessé…* »

Comme il termine sa phrase par un sourire, je sais bien que nous nous sommes compris. Qu'il accepte de ne pas trop mal vivre cette période, passe encore… Mais que le colosse, le géant craint de tous et qui se considérait comme invincible accepte d'être un homme, fragile, fait de failles… Qu'il puisse être « faible », être comme les autres… « *Là, il ne faudrait pas déconner non plus !* »

semble-t-il me dire. Des yeux, je tente de lui signifier que j'en prends bonne note.

J'essaierai de sensibiliser Rémy sur ce sujet au cours des séances suivantes, mais son fort caractère en décidera autrement. À peine le feu vert pour la reprise donné par son médecin, Rémy se donnera à 200 %, soucieux de retrouver au plus vite son niveau et ainsi de se rassurer. Et dès la première semaine d'entraînement… il se blessera à nouveau. Le géant s'était relevé. Il n'avait que glissé…

Davantage que mon discours, c'est bien le réel qu'il sera obligé d'entendre. Cette fois, il profitera de ce temps d'arrêt pour rattraper le retard pris dans ses cours et pour passer plus de temps avec sa petite amie. Il vécut plus sereinement ce repos forcé en tentant de positiver.

Sa reprise suivante se passa sans encombre et quelques mois plus tard, il eut le bonheur de remonter sur un podium international.

▲ L'analyse

Concept majeur en psychanalyse, la théorie de la « **Toute-Puissance** » trouve un lieu d'expression privilégié dans le sport de haut niveau. Si l'on s'accorde schématiquement à parler d'un processus psychique trouvant ses racines dans la petite enfance et consistant à considérer que tout événement dépend de notre volonté, de notre bon vouloir et/ou de notre contrôle, on retrouve alors toute la complexité de cette influence chez les sportifs de haut niveau.

Comme tout un chacun, le sportif est passé par ce stade du développement et, comme on l'a vu précédemment, cette toute-puissance imaginaire le sert dans son projet sportif, alors qu'il s'attaque en théorie à l'impossible. Autrement dit, c'est bien parce qu'il se sent tout-puissant qu'il peut envisager le challenge de dominer le monde (sportif, s'entend).

Auprès de bien des sportifs, on retrouve donc des vestiges de ce fonctionnement, et ce même à l'âge adulte. Car ces sportifs, bien souvent, n'ont jamais, eux, connu la fameuse « crise d'adolescence ».

Une transition difficile à mettre en œuvre

La crise d'adolescence, cette crise qui marque le passage de l'enfance à l'âge adulte. La séparation entre l'enfant guidé par ses parents et l'adulte autonome. Cette crise qui favoriserait l'indépendance et l'autonomie ne leur est pas vraiment possible. Ni accessible ni exprimable.

La rébellion, le refus des règles, la confrontation à la loi, le défi de l'autorité, il s'agit là de principes difficilement conciliables avec la rigueur et le cadre des institutions sportives. Et dans le même temps, on confortera ces jeunes gens dans l'idée que s'ils « maîtrisent », ils atteindront leurs objectifs. S'ils sont sérieux, s'ils sont de bons élèves, etc., ils seront récompensés. Par la (sacro-sainte) performance.

Le haut niveau, c'est le contrôle. Et fondamentalement, « plus j'en ai, plus j'arrive à contrôler un maximum de facteurs de ma vie et plus je me donnerai de chance de réussir ». Ultra-maîtrise de mon corps, de mes gestes. Contrôle au millimètre. Du moindre détail. Rien ne doit m'échapper. Mon poids, mon alimentation, mon sommeil, mon corps, mes blessures, mon mental, mes études. Et parfois, par extension, mon couple, ma famille, mes amis, mon équipe, etc. Et là encore, le sportif se heurtera à une réalité : il ne pourra pas *tout* contrôler.

Face à des situations d'échec ou de blocage, le sportif qui ne s'est pas réellement détaché de ces vestiges de la Toute-Puissance verra sa culpabilité décuplée. En effet, **la Toute-Puissance dans l'univers adulte ne constitue pas tant un atout. Au contraire, elle se mue en un facteur de stress et d'angoisse**. Car si dans mon inconscient, « je suis tout-puissant » et qu'ainsi « tout dépend de la qualité de mon contrôle », alors les erreurs ou la « non-réussite » aussi. Cette équation va donc grandement favoriser le développement de la culpabilité face au moindre échec, réel ou perçu comme tel, par le sportif.

Ce faisant, le sportif fortement habité de cette Toute-Puissance et éprouvant des difficultés au niveau de ses perf' ou de ses études (ou simplement à concilier les deux, ce qui s'avère fréquemment le plus difficile) aura beaucoup de mal à relativiser la difficulté de la tâche qui est la sienne et ainsi à l'aborder plus sereinement.

La résolution d'une difficulté, quand bien même classique (comme les soucis momentanés de performances), deviendra extrêmement ardue dès lors qu'une culpabilité très forte y sera liée. **Une grosse partie de mon travail de psychologue du sport consiste ainsi à faire entendre la dimension inappropriée de la culpabilité du sportif.**

Une défaillance dans le contrôle qui crée de la culpabilité

L'incapacité à entendre et à rationaliser une difficulté, à l'accepter, à la tolérer se heurte à sa vision fantasmatique du *« si je fais tout bien, j'obtiendrai ! J'aurai ma récompense ! »*. J'interroge ainsi ces sportifs, qui, la tête dans les mains, semblent parfois désespérés face à des situations de leur quotidien : *« Mais ne fais-tu pas de ton mieux ?* » Et à leur réponse positive de poursuivre : « *Et est-ce que tu peux faire plus que cela ?* »

La réalité du haut niveau confronte le sportif à ses limites, qu'il tente donc sans cesse de repousser. **Il lui faudra donc les accepter afin de grandir,** d'apprendre à se déculpabiliser et de pouvoir rationaliser sa situation. « *Oui, tu peux faire de ton mieux et être en difficulté.* » Il ne s'agit pas là d'une erreur d'équation...

La difficulté fait partie du parcours. Accepter pour avancer. **Ce processus fait peur aux SHN, car il existe souvent en eux une confusion entre « *accepter l'idée de la difficulté pour m'y confronter* » (et la dépasser) et le fait de « *me résigner* ».** Accepter la défaite, ne serait-ce pas au fond comme baisser les bras face à elle ? Rendre les armes ?

La porte de sortie du Déni

Cette nuance est primordiale, me semble-t-il, à intégrer et elle pourrait être salvatrice dans le parcours des futurs champions. Dans le cas de Rémy, une autre stratégie est illustrée face à la tyrannie de la Toute-Puissance : **le Déni**.

Le Déni, c'est : « *Non, je n'accepte pas.* » Dans l'exemple « *Je n'accepte pas la faille de mon corps. Non, je refuse la blessure* », le Déni se retrouve souvent dans des situations culpabilisantes car il offre une échappatoire au sportif. « *Je refuse de ressentir cette émotion négative. Non, je ne suis pas abattu par cet échec, par cette non-sélection, par cette contre-perf... Non, je vais bien ! Je ne montre rien. Je continue à avancer, à être fort !* » martèle-t-il dans son inconscient.

Sauf qu'à intérioriser et à tenter de refouler des émotions de tristesse, de souffrance, de rage ou d'incompréhension, le psychisme se fragilise. Le sportif se replie sur lui-même. Il s'isole, des autres et surtout de lui-même. Il ne travaille pas ses émotions qui auraient besoin de l'être par le biais d'une démarche introspective. Il tente de s'en détacher. De faire comme si, au fond, elles n'étaient pas là.

Oui, mais voilà : on n'échappe pas à son inconscient ! Toutes ces émotions, parfois violentes, non « travaillées » vous rattraperont et, en général, toujours au plus mauvais moment. Sur la ligne de départ, au moment où retentira le gong, au moment où il faudra tirer les lancers francs décisifs ou bien encore le penalty de la victoire. Une petite voix surgira dans votre tête, tel un petit diable enquiquinant sur votre épaule, qui vous glissera alors un pervers : « *Et si ? Et si tu rates ? Et si tu te plantes ? Vais-je me pardonner ? Et les autres ? Famille, entraîneurs, partenaires, médias ? Et s'ils étaient aussi durs, intransigeants avec moi, que je le suis avec moi-même quand j'échoue... ? Et si... ?* »

Et dans cette situation de doute, il vaudrait mieux, pour le sportif, avoir une réponse apaisante à apporter à son surmoi (car c'est de lui dont il s'agit) ! Il vaudrait mieux en effet avoir travaillé en amont cette culpabilité, ce droit à l'erreur, afin de rester relâché. Afin d'avoir le geste juste, confiant et sûr.

Ainsi fonctionne l'inconscient. Ces règles et son fonctionnement demeurent les mêmes pour tous. Champions compris.

2

Accompagner la performance

2.1 Soigner la performance : identifier les symptômes sportifs

▲ L'histoire

« Je suis un cas désespéré, je crois ! »
Camille, 19 ans, tenniswoman professionnelle

Je consulte avec attention mes notes prises la veille. Je m'étais entretenu avec l'entraîneur d'une jeune tenniswoman professionnelle, François. Il m'avait décrit son interrogation, voire son inquiétude face à ses comportements répétés d'exaspération à l'entraînement et ses colères violentes en match. Jets de raquette, hurlements, conflits avec les arbitres : une rage totale en situation de difficulté. Et puis des crises de larmes après chaque défaite. Longues, pénibles et systématiques, m'explique un François dépité au téléphone.

Il ne sait plus comment dialoguer avec sa joueuse de 19 ans qu'il entraîne depuis plus de trois années. Il ne sait plus quoi lui dire. Comment faire pour la calmer. Je vois bien qu'il ne veut que sa réussite et aimerait vraiment la voir bien dans sa peau et bien sur le terrain, sa joueuse. Finalement, l'un de ses collègues lui a donné mes coordonnées et j'ai senti dans ses propos que j'étais presque son « dernier espoir » pour elle...

Camille se présente dans mon bureau à la minute près. Elle est accompagnée de François et m'adresse un sourire de circonstance alors qu'il nous présente. François patientera dans la salle d'attente. Je porte comme toujours une grande attention à l'attitude de cette nouvelle patiente. Camille n'a pas l'air très à l'aise. Son comportement me rappelle celui d'une élève qui serait punie. Qui serait là pour avoir fauté. Son regard fuit vers ses pieds, elle est déjà assez agitée sur sa chaise et tient difficilement en place. Enfant, ma grand-mère m'avait dit un jour : « *Regarde toujours les gens dans les yeux, c'est le miroir de l'âme.* » J'ai toujours suivi son conseil. Les siens ont l'air bien apeurés.

Moi : « *Bonjour, Camille. Alors, racontez-moi ce qui vous amène, à votre sens.* »

Camille : « *On m'a conseillé de venir. Parce que je m'énerve souvent. Tout le temps, en fait. Dès que je rate quelque chose.* »

M. : « *Et vous aviez envie de venir ou pas vraiment ?* » lui dis-je, esquissant un sourire.

C. : « *Hmm... Je ne sais pas, en fait. Je me suis dit "pourquoi ne pas essayer ?" Mais je ne sais pas comment ça peut m'aider de juste parler à quelqu'un. On m'a déjà donné plein de conseils pour me calmer, j'ai même fait de la relaxation, du yoga et de la sophro', mais y'a rien qui marche avec moi ! Je suis un cas désespéré, je crois !* » dit-elle en riant, mais je devine néanmoins une pointe de sincérité dans cette conclusion.

M. : « *On va en parler. Moi, je ne suis pas là pour te donner des conseils, à vrai dire. Je suis surtout là pour essayer de comprendre avec toi. D'essayer de mettre des mots sur ce qu'il se passe.* »

C. : « *O.K.* », dit-elle, dubitative.

M. : « *Ces accès de colère datent de longtemps ?* »

C. : « *Oh ! là ! là ! Oui. Depuis que je suis petite. J'ai toujours été comme cela.* »

Je vais alors interroger Camille sur l'origine de ses colères. Elle me racontera qu'elle la situe précisément à son début de perspective d'entrée dans le haut niveau, vers ses 10 ans. À l'époque, son père lui sert encore de coach. Passionné et ultra-investi dans son projet sportif, il la suit partout. L'accompagne sur toutes ses compétitions. C'est son petit prodige. Il la conseille sur sa technique, son alimentation, son mental… Il m'apparaît vite comme omniprésent dans son discours.

Et s'il n'est plus physiquement aussi présent qu'auparavant, il conserve toujours une influence majeure sur elle. Il l'appelle très fréquemment. Parfois, plusieurs fois par jour. Après chaque entraînement. Et il débriefe chaque match avec elle. Qu'elle le veuille ou non. Pourtant, il n'a jamais, lui, été sportif de haut niveau. Camille m'avoue qu'elle l'écoute davantage pour lui faire plaisir ou ne pas le froisser, mais qu'au fond, elle tient peu compte de ses remarques.

C. : « *En fait, je n'aime pas quand il m'appelle,* poursuit-elle. *À chaque fois, c'est pour parler de tennis. Il dit toujours que j'aurais dû faire mieux. Que j'aurais dû faire ceci ou cela… Je sais qu'il m'aime et qu'il veut m'encourager, mais ça me saoule. Il est trop à fond, quoi. J'en ai parlé à mon coach et il a essayé de lui expliquer. Ça va un peu mieux depuis que je ne m'entraîne plus avec lui. Mais bon, ça continue de me stresser.* »

Je décide de revenir alors sur le « symptôme sportif » (NDA : je reviens sur ce terme dans l'analyse de l'histoire ci-après).

M. : « *Du coup, comment est-ce que cela se passe lorsque vous vous énervez sur le terrain ? Qu'est-ce qui déclenche votre colère ?* »

C. : « *En fait, c'est dès que j'ai l'impression d'échouer, d'être dominée par l'autre. Je ne sais pas, ça me déprime. J'ai envie de tout casser, de pleurer, presque. C'est bizarre. Même moi, je ne comprends pas.* »

M. : « *Être dominée au score, par exemple, c'est insupportable pour vous ?* »

C. : « *Oui, j'ai l'impression d'être nulle. De m'entraîner pour rien.* »

M. : « *C'est presque humiliant, donc ?* »

Camille, pensive : « *Oui… C'est ça. C'est une honte. J'ai honte, en fait.* »

M. : « *Et sur le moment, quel discours vous tenez-vous à vous-même ?* »

C. : « *Je m'insulte… Je me dis…* » Elle s'interrompt. « *Hmm… Je ne sais pas, c'est un peu grossier quand même…* » me dit-elle, embarrassée.

M. : « *Non, ce n'est pas grave, lâchez-vous !* dis-je. *Vous savez, ça fait longtemps que je travaille avec des sportifs, j'ai l'habitude !* »

C. : « *Eh bien je me dis "t'es nulle, t'es vraiment trop conne, tu fais que de la merde"… Des trucs comme ça.* »

M. : « *Et pourquoi une telle violence envers vous-même, à votre avis ?* »

Camille prend une minute de réflexion et reprend : « *Je ne sais pas. Peut-être parce qu'on me l'a tellement répété…* »

M. : « *Qui vous a répété cela ? Votre père ?* »

C. : « *Oui… En fait, il ne me le dit plus, mais quand j'étais petite, à chaque fois que je perdais un match, c'était un drame. Il faisait la gueule toute la journée. Il me disait que je n'y arriverais jamais en jouant comme ça, etc. Il ne m'insultait pas, mais bon, j'avais vraiment le sentiment que c'était ce qu'il pensait. Que je le décevais… Qu'il avait honte de moi…* »

Des larmes apparaissent progressivement sur son visage alors qu'elle prononce ces mots et, comme quasiment tous les patients à cette occasion, s'en excuse. « *Ce n'est rien* », lui dis-je en lui tendant un mouchoir.

M. : « *Donc, au fond, quand vous êtes menée au score dans un match, cette tristesse, votre rage quand vous perdez, c'est un peu comme si vous entendiez votre père ?* »

Camille est toujours en larmes et reprend sa respiration : « *Oui, c'est exactement ça. C'est comme s'il criait dans ma tête. D'ailleurs, en fait, maintenant que j'y pense, c'est lui qui me disait que j'étais un cas désespéré quand je perdais un match que j'aurais pu gagner…* »

M. : « *O.K., Camille. Et là, ça fait combien de temps que concrètement, il n'est plus présent au quotidien ?* »

C. : « *Depuis mes 15 ans, à peu près. Depuis que je suis partie de la maison.* »

M. : « *Et vous lui en avez déjà parlé directement, de cela ?* »

C. : « *J'ai un peu essayé. Mais si je lui dis d'arrêter de me parler de tennis, il se vexe… Il croit que je l'exclus de ma vie.* »

M. : « *Du coup, il faudrait que vous arriviez à le sortir de votre tête quand vous jouez, non ?* »

Camille soupire et avec un sourire retrouvé, elle chuchote : « *Oui, ce serait pas mal, effectivement...* » Puis, redevenant avant tout une sportive de haut niveau, et donc en demande de réponses pratiques, elle reprend : « *Et concrètement, je fais comment, ça... ?* »

À mon tour, je souris : « *On va en parler, Camille. Ne vous inquiétez pas. Vous avez sûrement fait le plus dur...* »

L'entretien a duré une bonne heure. Je la sens déjà bien éprouvée. J'appelle son entraîneur, qui découvre ses yeux rouges et encore humides.

« *Ça va, Camille ? Cela s'est bien passé ?* » lui demande François, un peu inquiet.

« *Oui, oui* », lui répond-elle. « *Mais bon, c'est dur, la psy ! J'ai fait ma gonzesse. Je n'ai pas arrêté de pleurer !* »

Je me fais la réflexion que cette expression ne devait sûrement pas venir d'elle et j'ai une vague intuition de la personne dont elle pouvait la tenir...

Je revis Camille pendant presque un an et demi, de façon régulière. Au fil des séances, nous développâmes une réelle complicité. Elle apprit à rire de ses colères, à changer son discours violent envers elle-même, à retourner vers le Plaisir et le Jeu et aussi à mettre plus de distance avec son père. Sans pour autant l'exclure de sa vie, elle apprit à moins se sentir obligée de répondre à toutes ses interrogations d'après match. Elle sortit d'une position de petite fille obligée de se soumettre à la volonté parentale pour assumer une position de jeune femme. Adulte, responsable et libre.

Libérée de sa colère, la réalité de son niveau s'exprima alors et elle connut ses premières victoires majeures en tournoi dans les mois qui suivirent. Mais mon succès « à moi », elle me le donna à une autre occasion, peu de temps après.

Au sortir d'un match perdu, qui était sûrement à sa portée, je lui demandai comment elle se sentait. Presque naturellement et sans réaliser l'impossibilité d'un tel discours dans pareille situation quelque temps auparavant, elle me répondit posément : « *Ça va. J'ai perdu, mais j'ai bien joué. J'ai fait de mon mieux. Je n'étais même pas énervée après moi-même. Elle était simplement plus forte. J'étais assez contente de moi, au fond. Presque fière de moi...* »

Presque... C'est déjà pas mal. C'est même déjà très bien, Camille.

▲ L'analyse

Psychologie du sport et préparation mentale peuvent au premier abord (et selon certains professionnels) sembler des disciplines différenciées, entre une première qui serait plus centrée sur la vie intime de l'athlète et l'autre qui s'intéresserait davantage au rapport du sportif avec sa performance (pour résumer de façon quelque peu caricaturale).

Comprendre un symptôme sportif

Or, il m'apparaît depuis longtemps que le rapport d'un sportif de haut niveau avec sa performance s'inscrit nécessairement dans un rapport avec son intimité. Il ne peut en être autrement à vrai dire, dans ma vision des choses. Ainsi, la « psychologie clinique du sport » va s'intéresser à l'individu dans sa globalité et dans sa singularité et soigner la perf' d'un sportif reviendra fréquemment à « soigner son âme ». **La perf' en souffrance,**

c'est bien souvent la psyché qui affiche des limites, des rejets, des blocages et dont les origines peuvent être parfois bien éloignées du terrain.

La psychologie clinique du sport consistera donc à appliquer une démarche clinique « traditionnelle » à l'univers spécifique du sport de haut niveau. La connaissance de cet univers et de ses codes permettra une interprétation de ce que j'aime nommer des « *symptômes sportifs* » ou « *symptômes de terrain* » tels que décrits dans le cas clinique précédent.

La connaissance du sport de haut niveau permettra au clinicien du sport ce type d'interprétation, où un problème ayant un rapport avec la performance ou l'entraînement s'appréhendera comme le simple symptôme d'une problématique individuelle plus large.

On s'intéressera donc à la question du sens de ces éléments et à leurs origines. On abordera dans ces situations le problème de performance et ces symptômes comme des indices d'un mode de fonctionnement. Sur une histoire singulière et unique. Que veulent nous dire ces mouvements d'humeur, ces frustrations, ces répétitions d'échec, ces blocages, dès lors qu'ils sortent d'une certaine normalité ou que leur fréquence est excessive ?

L'aide à la performance dans une approche clinique s'intéresse donc à retracer une histoire derrière un symptôme de terrain et non avant tout à éradiquer ou à contenir ce symptôme.

Dans le cas de Camille, des « outils » fréquemment utilisés en préparation mentale (le yoga ou la sophrologie) ont tenté de canaliser, voire de supprimer le symptôme présenté par la sportive (la colère), en ne passant pas par une phase diagnostique, où l'on s'intéresse d'abord à ce que « dit » le symptôme. En s'intéressant en premier lieu à la personne et non simplement à l'expression symptomatique de sa souffrance. Bien sûr, ces outils et/ou techniques ne sont pas à blâmer et ils peuvent auprès de certains sportifs se révéler d'une grande efficacité. C'est bien l'absence d'une phase interprétative, et donc diagnostique, qui est le plus souvent, à mon sens, problématique.

La capacité à se donner du temps

Plus globalement et sans vouloir alimenter un débat, il me semble que le principal souci que l'on peut être amené à rencontrer en général en matière de préparation mentale est la conséquence d'une « extension » du champ théorique de la technique employée par l'intervenant. La sophrologie, la relaxation, la PNL (programmation neurolinguistique) par exemple peuvent présenter de multiples bienfaits pour les sportifs tant que le praticien reste dans l'utilisation stricte de sa technique. Mais il peut vite être tentant de basculer d'une simple technique à du conseil, puis du conseil à de la psychologie « expérimentale ». Les intervenants formés et qualifiés en préparation mentale doivent toujours, en principe, connaître les limites de leur champ d'intervention.

Mais bien sûr, il est aisé de comprendre que le discours et la démarche du type « préparation mentale » sont plus attirants pour le sportif et son entourage. Cette option présente au premier regard une efficacité accrue. Un raccourci vers le soin, en quelque sorte. Ils proposent non pas un processus lent et exigeant psychiquement, comme peut l'être une psychothérapie, mais au contraire l'idée d'une solution directe aux maux du sportif.

Et dans l'univers du sport de haut niveau, le temps est un bien précieux. L'efficacité y est élevée en dogme. Ainsi, on préférera bien plus consulter son préparateur mental que son psychologue, dès lors qu'il s'agira de « soigner » sa performance.

Il ne s'agit donc pas que d'une question de positionnement de l'intervenant en « prépa mentale », mais également de la question de l'attente du sportif et de son environnement. Le sportif en difficulté souhaite en effet en général une réponse simple et quasi immédiate.

À titre d'illustration, il m'est déjà arrivé la scène suivante. Installé dans mon cabinet, un sportif déboule à l'improviste entre deux consultations et demande à me voir. Il m'explique alors souffrir de difficultés de stress extrêmement envahissantes en compétition et ce depuis près d'un an. Après m'avoir méticuleusement décrit l'ensemble des conséquences liées à ce problème, il va conclure par la demande suivante : « *Pourriez-vous me régler le problème d'ici la fin de semaine car j'ai une compétition ce week-end ?* »

À vrai dire, la demande d'immédiateté est quelque peu inscrite dans l'ADN d'un sportif de haut niveau. Mais si la performance est la finalité d'un être tout entier et pas simplement le fruit de gestes techniques ou physiques, la difficulté à l'exprimer renvoie également à la complexité d'un individu. À ses peurs, ses tristesses, ses colères et ses traumatismes, qui ont pu prendre dans le temps le pas sur le rêve sportif et le plaisir de jouer. Le sportif et le lien qu'il entretient avec sa performance présentent ainsi une relation bien plus complexe qu'il n'apparaît en premier lieu. C'est bien cela qui rend cet univers et le travail avec ces champions si passionnants !

2.2 Les bases du mental : appréhender l'inconscient

▲ L'histoire

« Je ne comprends pas ce qui m'arrive… Pourtant, je n'ai aucun problème ! »
Arnaud, 23 ans, nageur

Ce matin est apparu, dans mon carnet de rendez-vous, un nom qui n'est pas tout à fait inconnu. Ce nageur a eu il y a quelque temps le vent en poupe et il me semble que quelques années auparavant, il avait eu de très bons résultats, qui lui avaient alors valu beaucoup d'éloges et un statut de grand espoir dans sa discipline. C'est en tout cas la réflexion que je me fais à l'époque et si je me souviens de lui, c'est sûrement le cas, car je suis loin d'être un spécialiste de ce sport.

Plongé dans son Smartphone, il se lève d'un bond, à l'appel de son nom dans la salle d'attente.

Arnaud est grand, élancé et souriant. Il parle d'une voix douce et posée alors qu'il commence à me décrire les raisons de sa venue.

Arnaud : « *À vrai dire, cela fait un moment que je pense à voir quelqu'un. On m'a souvent conseillé de le faire, mais je ne savais pas à qui m'adresser. Et puis, mon coach m'a parlé de vous. Je ne comprends pas ce qui m'arrive… Pourtant, je n'ai aucun problème ! Dans ma vie, tout va bien. J'adore mon sport. J'ai toujours été bon. Et là, ça fait deux ans que je fais un blocage en course. À l'entraînement, tout va bien, je fais des bons temps, mais le jour de la compétition, je ne sais pas… Je me crispe. Je ne me l'explique pas…* »

Cédric : « *Donc, vous n'avez jamais connu cela auparavant ?* »

A. : « *Non. Jamais. J'ai commencé la natation vers l'âge de 10 ans. J'ai tout de suite montré des prédispositions. Je suis passé en un an de débutant à équipe de France jeune. Puis j'ai gravi tous les échelons sans souci. Pour moi, ça a toujours été un plaisir de nager. De battre les autres, de me bagarrer pour aller chercher la victoire. Après, je suis arrivé dans le haut niveau et ça se passait toujours bien. J'ai de très bons rapports avec mon coach. Il me soutient beaucoup. Il m'encourage, me donne des conseils, mais je ne sais pas... Je n'arrive plus à me libérer.* »

C. : « *Et il s'est passé quelque chose il y a deux ans au moment de l'apparition de votre blocage ?* »

Arnaud réfléchit quelques instants.

A. : « *Hmm, je ne pense pas que cela ait un rapport...* (NDA : généralement, si vous êtes psy et que vous entendez cette phrase, vous savez que non seulement il y a sûrement un rapport, mais que de surcroît, l'info à venir est probablement essentielle.) *Mais c'est à peu près à la même époque que mon père est revenu dans ma vie.* »

« *On n'a pas dérogé à la règle* », me dis-je.

C. : « *C'est-à-dire ?* »

A. : « *En fait, je n'ai plus parlé à mon père pendant très longtemps. Il nous a quittés, ma mère et moi, quelques années après ma naissance. Elle m'a pour ainsi dire élevé seule.* »

C. : « *Et pourquoi le lien s'est-il coupé ?* »

A. : « *Je ne sais pas. Je n'ai jamais eu d'explication. Ni de la part de ma mère, ni de lui, ni du reste de ma famille. Je n'ai jamais demandé, d'ailleurs.* »

C. : « *C'est tabou ?* »

A. : « *Oui, un peu...* » dit-il, ému.

C. : « *Et donc, il y a deux ans, il est revenu vers vous ?* »

A. : « *Oui. Il avait entendu parler de moi dans la presse sportive, je crois. Il m'a envoyé des messages et puis il m'a appelé. Je n'avais pas trop envie de lui répondre, mais je l'ai fait pour ma mère. Elle a insisté. Elle pensait que c'était bien que je puisse avoir des liens avec lui... Aujourd'hui, on se parle de temps en temps, mais bon...* » soupire-t-il.

C. : « *Mais bon ?* »

A. : « *Eh bien, ça me saoule, en fait. Je n'ai rien à lui dire. Je ne le connais pas et je n'ai pas vraiment envie de le connaître. Il nous a abandonnés, et là, il revient dans ma vie juste parce qu'il a entendu parler de moi ! Peut-être s'est-il dit que j'allais être célèbre ou riche... Il m'a dit qu'il était fier de moi. En fait, cela ne m'a pas fait plaisir. En vrai, ça m'a mis la rage !* »

La douce expression du regard d'Arnaud a à présent laissé place à des yeux remplis de colère et de larmes.

C. : « *Vous ne lui avez jamais exprimé vos sentiments ?* »

A. : « *Non.* »

C. : « *Et à votre mère non plus ?* »

A. : « *Non... C'est la première fois que j'en parle, en fait...* »

C. : « *Et cela vous fait quoi ?* »

Arnaud reste pensif quelques instants, puis reprend : « *Du bien, je pense.* » Puis, se reprenant comme s'il avait malgré lui perdu de vue l'essentiel pendant quelques minutes : « *Mais vous pensez vraiment que ça peut avoir quelque chose à voir avec mon problème ?* »

C. : « *Je ne sais pas, Arnaud. En revanche, apparemment, cette situation vous pèse et vos problèmes sont apparus à la même période, alors on peut quand même y réfléchir… Émettre une hypothèse. Vous savez, en psychologie, on n'a pas vraiment de certitude. On cherche ensemble et puis à la fin, c'est vous qui validez une théorie par votre ressenti.* »

Arnaud semble digérer cette information et après quelques secondes, il conclut : « *Oui, c'est possible. Je ne sais pas trop comment, mais je crois que ça m'affecte, en fait…* »

Je le regarde et, souriant, je valide cette réflexion : « *Bon, eh bien, on va partir de là, alors !* »

S'ensuivront plusieurs séances durant lesquelles Arnaud décidera d'aborder ce sujet tabou progressivement. D'abord auprès de sa mère, puis auprès de son entourage proche. Nous avons poursuivi en évoquant la place qu'il pourrait accorder à son père dans sa vie. Une position qu'il choisira distanciée et qui l'obligera en conséquence à gérer sa propre culpabilité face à la frustration de sa mère, désapprouvant ce choix.

Culpabilité, colère, frustration, traumatisme, peur abandonnique, rage inconsciente, autant de termes qu'Arnaud n'avait jamais vraiment travaillés avant. Voire dont il n'avait jamais entendu parler. Il lui aura donc fallu appréhender un univers entièrement nouveau pour lui. Un univers avec un vocabulaire et des règles qui lui sont propres.

À présent plus serein vis-à-vis de sa place familiale et plus apaisé avec lui-même, la frustration « *dans l'eau* » d'Arnaud allait, elle aussi, progressivement s'effacer.

Vers la fin de notre collaboration, il lâcha un jour, surpris de l'effet libérateur qu'avaient eu sur lui les « simples » évocation et clarification de ces sujets : « *C'est fou la façon dont ça marche, le cerveau, quand même... Je n'aurais jamais cru que l'inconscient, c'était aussi puissant, comme truc !* » J'avais laissé échapper un éclat de rire. C'était tellement vrai, tellement simple et tellement honnête, comme conclusion...

▲ L'analyse

Bien souvent « surdoués du geste sportif », les jeunes champions ou championnes ont fréquemment connu des progressions fulgurantes. De ce fait, ils ou elles n'auront que peu (voire jamais) étés amenés, durant ce parcours initial, à s'interroger sur les processus psychiques à l'œuvre dans leur réussite sportive.

L'épuisement d'une stratégie de dureté envers soi

Pour beaucoup, la « stratégie de secours », si toutefois la « machine » venait à s'enrailler, s'apparentera de manière très schématique à « plus d'efforts et plus de dureté » (je m'y réfère fréquemment auprès des sportifs en la nommant vulgairement « la stratégie du coup de pied au cul ») !

Mais arrivé au plus haut niveau, cette méthode va connaître ses limites. Plus de dureté, d'exigence et de sévérité envers soi n'entraîneront plus les mêmes effets, les mêmes gains en termes de performance qu'auparavant et, au contraire, cette devise pourra conduire le sportif de haut niveau à des logiques d'excès dangereuses et à des risques de mal-être et/ou de surentraînement.

Dans ces cas, la panne de performance marquera donc en réalité pour ces apprentis champions une étape s'inscrivant dans un processus normal et classique. Il sera alors bon de comprendre comment reproduire, consciemment et via un travail personnel, ce qui était paradoxalement si facile et naturel à réaliser, à l'origine.

La rencontre avec le blocage, c'est donc, si on choisit d'y poser ce regard-là, la rencontre possible avec son inconscient. Au-delà d'une vision fantasmée de la performance, où en me donnant toujours plus, je résoudrai tout, le sportif va pouvoir s'intéresser à des termes lui étant inconnus ou connus superficiellement.

« Confiance en soi », « concentration », « motivation »... Il emploie ces termes depuis des années, sans bien souvent réellement en connaître le sens réel. Le blocage dans la performance peut donc s'appréhender de façon constructive, en prenant conscience de la nécessité d'une démarche introspective pour le sportif.

Mieux connaître sa perf', c'est mieux se connaître soi. « *Dis-moi comment tu performes, je te dirai qui tu es* », en quelque sorte.

Il n'est d'ailleurs pas rare que des sportifs ayant entamé sur le tard ce type de travail sur eux m'aient fait part de leurs regrets à ne pas l'avoir fait plus tôt, songeant à la différence que cela aurait pu avoir sur leur carrière.

Yannick Noah a d'ailleurs fait référence à ce besoin et cet intérêt pour un champion d'effectuer un travail introspectif (même si le sien fut peut-être davantage le fruit d'une réflexion personnelle) : « *J'étais comme prisonnier de ma vie parce que, tout simplement, il me manquait l'essentiel : la connaissance de moi-même. Je me devinais, je m'imaginais, mais je ne me connaissais pas. Comment organiser son propre bonheur quand on ignore les mécanismes qui nous font agir toujours dans le même sens ? Répéter inlassablement les mêmes erreurs, comme si on n'avait jamais compris la leçon ? Il n'y avait aucune connexion durable entre ma tête et mon cœur. En tout cas, pas quand je le voulais. » (Secrets, etc.)*

Mais la démarche d'ouvrir la porte de son inconscient n'est jamais facile. Elle est même le plus souvent assez effrayante. Il s'agit d'un processus que le sportif ne contrôle pas, après tout... Et comme nous l'avons vu, quand le sportif ne contrôle pas, il n'aime pas beaucoup cela ! Et bien sûr, paradoxalement, plus un sportif (mais cela peut sûrement être étendu au reste de la population) craint d'entamer cette démarche, plus, en règle générale, il en aurait besoin...

C'est bien pour cela que comme bon nombre de psychologues, j'ai tendance à considérer que le sportif ayant spontanément franchi la porte de mon bureau a sûrement déjà fait, sinon le plus difficile, en tout cas, une grosse partie du travail.

2.3 L'environnement du sportif : un travail d'équipe

Si le sportif arrive avec le temps à adhérer aux réflexions du psychologue du sport, il sera souvent utile, voire nécessaire, d'harmoniser ce travail avec l'autre acteur majeur de son environnement : **l'entraîneur**. Commence alors un autre travail de sensibilisation auprès de ce personnage souvent « multifonctions » dans la vie du sportif (substitut parental, figure symbolique du rapport à l'autorité, sélectionneur, confident, ami ou ennemi), lui-même soumis à une très importante pression du résultat.

Si ce dialogue peut être complexe, du fait de la nécessaire confidentialité relative aux entretiens, l'articulation du travail entrepris avec ce relais essentiel du terrain (qui apporte une importante objectivité extérieure) n'en sera que plus bénéfique pour le sportif.

L'approche du travail en triangle **psy – sportif – entraîneur** peut être abordée sous de nombreux aspects. J'ai choisi d'en présenter ici trois qui me paraissent « clés » :

- **La sensibilisation de l'entraîneur à la réalité du travail psychologique pour un sportif**
- **L'entraîneur : premier coach mental**
- **Le suivi personnel d'entraîneur : un domaine encore tabou ?**

La sensibilisation de l'entraîneur à la réalité du travail psychologique pour un sportif

Comme les sportifs qu'ils entraînent (sachant que bon nombre, sinon une grande majorité, d'entraîneurs de haut niveau sont eux-mêmes d'anciens sportifs de haut niveau reconvertis), les entraîneurs sont très souvent au départ, eux aussi, dans des demandes fantasmées ou caricaturales vis-à-vis de la psy du sport.

Demande de soin « express » pour un sportif en souffrance ou encore stigmatisation de la difficulté du sportif, dont il faut *« régler le problème mental »* au plus vite. Je suis d'ailleurs toujours surpris lorsqu'un sportif vient me solliciter pour une consultation au motif que son coach lui aurait rabâché qu'il avait *« un problème mental »*. Curieuse manière pour un coach d'adresser le sportif à un spécialiste tout en se désolidarisant de cette dimension. Une sorte de message sous-entendu, mais implicite : *« Va voir un psy, parce que moi, là, je ne peux plus rien pour toi... »*

Au début de la démarche, l'entraîneur se situe bien souvent dans une dimension de contrôle et il n'est pas toujours aisé pour le psy du sport de lui faire accepter de laisser l'espace nécessaire qui est requis au sportif dans son travail personnel, afin qu'il puisse s'exprimer en toute confiance et en toute sérénité. Cela passera donc par l'établissement d'un cadre clairement défini (notamment sur les questions de confidentialité) en accord avec le sportif et le coach (voire avec le médecin), de manière à toujours respecter le désir et le confort du patient.

Mais l'entraîneur reconnaît vite, en règle générale, qu'il ne souhaite pas tout savoir et tout contrôler, mais lorsqu'il confie « son athlète » à cet autre, il doit malgré tout lui aussi entreprendre au départ ce travail de lâcher-prise afin de favoriser l'autonomie réelle et psychique du sportif. C'est la condition du rapport de confiance qui doit s'établir entre l'entraîneur et le (la) psychologue.

« *Historiquement, les coachs n'aiment pas tellement partager. Ils ont pu avoir un peu peur de quelqu'un pouvant remettre en cause leurs idées ; cela peut perturber leur contrôle. Les entraîneurs aiment contrôler. Il faut bien cadrer les choses dès le début, mais le but, c'est de mettre tous les atouts de son côté. Il faut savoir où s'arrêtent nos domaines de compétence à tous. Cela fonctionne dans des liens de confiance* », explique ainsi Richard Billant[1] .

Comme pour le sportif, la manière la plus efficace de faire accepter les conditions thérapeutiques à l'entraîneur néophyte en la matière reste d'établir un lien

---

1. Richard Billant : directeur du Centre fédéral de basket-ball de l'Insep. Entraîneur professionnel : Caen, pro B (1991-1994), Le Havre (1994-1999). Entraîneur national à la FFBB depuis 1999. Entraîneur national des moins de 20 ans, 19 ans, 18 ans. Il a entraîné plusieurs générations d'internationaux français comme Tony Parker, Boris Diaw, Ronny Turiaf ou Nicolas Batum et a notamment gagné le titre de champion d'Europe Juniors en 2006.

entre cette action et la finalité recherchée, à savoir, l'amélioration du bien-être et des performances. Lui faire entendre, qu'en résumé, nous travaillons pour le même objectif.

Le message que l'on cherchera à faire passer, c'est qu'il n'y a pas de tentative d'être dans l'appropriation « exclusive » par le psy de la vie intime du sportif ou de son mental, mais bien l'idée qu'il y aura pour le sportif des bénéfices à trouver une juste distance avec son entraîneur. Ni trop proche ni trop éloignée.

Ce message peut donc se synthétiser ainsi : le but de nos séances est de « *contribuer à rendre votre sportif plus autonome (par le biais de ce travail psy), à en faire un individu plus confiant et, au final, potentiellement plus performant* ». Cet aspect presque psycho-éducatif de l'autonomie dans la construction de la confiance de l'adolescent champion est bien sûr une phase essentielle. Le travail avec le sportif gagnera en efficacité si les mêmes messages visant à conforter la confiance et l'ambition, dans une démarche positive et non pressurisante, sont relayés à la fois par le psy du sport et par le terrain, via la personne du coach.

« *Les entraîneurs doivent rendre les joueurs autonomes et certains oublient cela. À mon sens parce qu'ils ne font pas assez confiance aux joueurs. Ils pensent bien faire, mais il faut faire confiance à leurs capacités. Ils surprotègent le joueur, mais au fond, ils ont peur de lâcher prise. Le joueur doit penser par lui-même. Comme pour le psychologue, le but, c'est l'autonomie du sportif et c'est bien pour cela que nous avons tout intérêt à travailler en commun* », reprend Richard Billant.

Nombre d'entraîneurs que j'ai connus (surtout dans mon début de carrière, mais les choses ont depuis évolué dans le bon sens) ont pu avoir au début de leur collaboration avec moi le sentiment qu'au fond, le psy pouvait trop réconforter, « consoler » le sportif, mais que ce dernier devait avant tout se construire dans la dureté. Au final, le psy, lui aussi, doit se montrer pédagogue pour faire entendre à l'entraîneur qu'une dimension affective positive et réconfortante auprès du sportif peut aller de pair avec l'exigence et l'ambition. Voire que les deux sont indissociables.

Le sportif de haut niveau est élevé, dans beaucoup de cas, dans le culte et la tradition de l'exigence et de la dureté. Les aspects ludique, positif et la réassurance provenant du coach sont donc essentiels au maintien de son équilibre psychique ainsi qu'à l'établissement et le développement dans le temps de sa confiance en lui, comme le souligne l'(immense) ex-joueur et entraîneur de basket-ball, Antoine Rigaudeau[1] : « *Je ne veux jamais être dans la critique. Il faut envoyer des messages positifs. Être dans l'encouragement. On critique et on s'énerve sûrement trop, à mon sens. Ça ne se voit peut-être pas, mais je suis quelqu'un de joyeux et de positif. Je veux communiquer cela. On sent que les jeunes ont un poids sur les épaules, leur susceptibilité est énorme. Je m'en suis rendu compte en devenant coach. Il y a une culture à changer, pour moi. Ces jeunes sont intelligents, mais il faut être précis et pédagogue, plus que sévère. Je veux transmettre des attitudes positives. Je m'interroge aussi sur mes propres attitudes car je sais que je peux être trop fermé. Il faut donc beaucoup communiquer pour*

1. Antoine Rigaudeau : ancien international français de basket-ball. Premier Français nommé au Fiba Hall of Fame en tant que joueur. 127 sélections en équipe de France et vice-champion olympique en 2000. Cinq fois MVP* français (*meilleur joueur). Deux fois vainqueur de l'Euroleague, 1 titre de champion de France, deux fois vainqueur du championnat d'Italie, quatre fois vainqueur de la Coupe d'Italie. Entraîneur du Paris-Levallois Basket en 2015.

leur faire comprendre ce que l'on attend d'eux. Et puis instaurer un côté ludique, aussi. »

L'entraîneur est lui aussi dans une optique perfectionniste et une frustration palpable chez lui peut être une source (souvent majeure) de stress pour son (ses) sportif (s). La peur de décevoir leur « guide », celui qui s'investit au quotidien pour la réussite du champion, est très présente et même souvent sur le devant de la scène chez les sportifs. Il n'est pas rare que certains d'entre eux confient, au sujet de la perspective d'un échec, penser en premier lieu au fait de décevoir leur coach plutôt qu'eux-mêmes !

Ce que projettera l'entraîneur auprès de ses athlètes en termes de satisfaction ou de déception peut donc s'avérer fondamental dans la construction d'un Moi fort (autrement dit, de la confiance en soi) chez le jeune sportif.

Présent dans un sport où la pression est à nul autre pareil, le football professionnel, qui plus est au sein de l'un des plus grands clubs au monde (le Paris Saint-Germain), Nicolas Dehon[1] reprend cette difficulté pour les entraîneurs à tempérer leurs propres frustrations : « *Je pense qu'ils* [les entraîneurs] *répercutent la pression. Les entraîneurs aussi ont beaucoup de pression sur les épaules et involontairement, ils peuvent répercuter cela sur les joueurs. Ils veulent tellement que cela marche qu'ils s'énervent, mais leur poste à eux aussi peut être en danger. Ce n'est pas toujours facile de se contenir. C'est souvent à l'arrêt de ta carrière que tu réalises beaucoup de choses. Ce que tu as bien fait et ce que tu aurais fait autrement. Ce travail sur soi, l'ensemble de ces réflexions, c'est cette*

1. Nicolas Dehon : ancien joueur de football professionnel à Troyes en 1986 et 2000, puis entraîneur des gardiens de but pour les clubs de Troyes (2000), Le Havre (2004), Paris Saint-Germain (2009), Marseille (2010) et Paris Saint-Germain depuis 2013.

expérience que tu pourras partager avec le joueur et le faire profiter de tes analyses avec le recul. »

Bien sûr, un nombre conséquent d'entraîneurs sont convaincus très tôt de l'intérêt et du bénéfice potentiels, pour leurs sportifs, à effectuer ce travail psy. Mais convaincre leurs jeunes poulains d'effectuer cette démarche et d'y adhérer n'est pas évident, comme en témoigne un autre ex-grand joueur et désormais entraîneur national de tennis, Thierry Tulasne[1] : « *Déjà, [il faut] faire comprendre au joueur que l'importance de ce facteur du mental est primordiale. Les très jeunes n'ont pas envie de se plonger dedans. Si l'on en parle trop tard, il le voit sous l'aspect de la faille. Il faut travailler rapidement avec le sportif pour l'aider à avoir le meilleur mental possible. Il faut l'aider à se connaître : en quoi il est fort, en quoi il devrait être plus fort… Cet aspect doit être intégré dans le travail. Il ne s'agit pas de savoir si l'on est bon au départ. Le mental se travaille.* »

De tels messages relayés par l'environnement du sportif sont aujourd'hui de plus en plus légion. Non, on ne naît pas fort ou faible mentalement ! On construit. On se construit un mental. On progresse et on régresse. Mais cela, indéniablement, cela se travaille.

1. Thierry Tulasne : ancien professionnel de tennis entre 1979 et 1991. Champion du monde junior en 1980, 10e joueur mondial à l'ATP en 1986 et 5 titres en simple. Joueur de Coupe Davis pendant dix ans aux côtés de Yannick Noah, Henri Leconte et Guy Forget. Puis comme entraîneur : vainqueur de la Coupe Davis en 2001 avec Forget comme capitaine. Il fut depuis l'entraîneur de quelques-uns des plus grands noms du tennis français (Gilles Simon, Romain Grosjean, Paul-Henri Mathieu) et, depuis 2013, de plusieurs joueurs espoirs au sein de la structure fédérale.

L'entraîneur premier coach mental : un travail sur lui-même pour contrôler la qualité du transfert

Le transfert[1] est un processus classique et nécessaire au sein d'une thérapie. De quoi s'agit-il ? On parle d'un déplacement d'affects, le plus souvent du patient vers la personne de son psychologue. Prendre conscience de ces mouvements psychiques à l'œuvre au sein du travail psychologique est donc essentiel au thérapeute et, pour ce faire, il lui est essentiel de bien se connaître lui-même. Mais ce processus peut également prendre place dans la vie quotidienne, surtout dans un univers où beaucoup d'affects seront sollicités. Comme l'univers du sport, donc.

Les rapports entraîneurs-entraînés sont donc le lieu privilégié de ces mouvements affectifs dans les deux sens. Par exemple, dans le cas d'un sportif qui voudra satisfaire (ou, au contraire, se rebeller), face à l'entraîneur, « substitut parental ». Mais également dans le sens de l'entraîneur qui voudrait compenser ses propres failles et erreurs passées sur la personne du sportif. Ou bien encore, à l'inverse, calquer son propre modèle de réussite d'ex-sportif sur le sportif qu'il entraîne.

L'entraîneur désireux d'aider mentalement son joueur devrait donc lui aussi être le plus conscient possible de ses mouvements psychiques, afin d'être le plus efficace possible dans son coaching. Comment ne pas être dans un fantasme de répétition ou d'évitement ? Tel un parent expliquant à son enfant : « *Si je te dis tout cela, c'est pour*

---

1. « *Le transfert désigne en psychanalyse le processus par lequel les désirs inconscients s'actualisent sur certains objets dans le cadre d'un certain type de relation établi avec eux et éminemment dans le cas de la relation analytique.* » Définition issue du *Vocabulaire de psychanalyse* de Laplanche et Pontalis.

que tu ne répètes pas mes erreurs ! » ou inversement : « *Tu dois faire comme cela car c'est comme cela que moi j'ai réussi !* »

Entendre la différence de l'Autre impliquera nécessairement une juste analyse de soi. Pour certains, le passage de sportif à entraîneur implique un nouveau travail personnel très différent d'avant, que Thierry Tulasne apparente même à une forme d'autoanalyse : « *Quand tu es coach, tu fais tout l'inverse de lorsque tu es joueur. Tu dois être disponible, à l'écoute, ouvert sur les autres. Au fond, cela a été comme une thérapie pour moi. Le premier principe, c'est de ne pas polluer son joueur par rapport à ses propres névroses, ses angoisses et ses propres limites. Déjà, ne pas le freiner. Ce n'est pas si facile. Cela demande évidemment de bien se connaître. Personnellement, je me suis servi des échanges que j'ai eus avec des préparateurs mentaux et des psy. Ce n'est pas tabou pour moi d'aller voir un psy. Peut-être n'y va-t-on pas par fainéantise ou non-prise de conscience... Chaque coach est différent. Mais on ne peut pas travailler aussi efficacement si l'on n'entre pas dans l'intimité du joueur. Cette capacité à bien se connaître est essentielle.* »

Comme l'illustre Thierry Tulasne, sa propre connaissance de soi, c'est aussi la capacité à mieux comprendre l'Autre. L'un ne va pas sans l'autre. L'entraîneur va donc puiser dans son expérience personnelle (souvent d'ex-champion) afin de modéliser, mais aussi de détecter d'éventuels problèmes chez son athlète.

Ainsi, la qualité réelle du travail personnel et intime qu'il aura fait sur lui-même avant d'entraîner sera essentielle. Comme pour les joueurs, cette démarche à l'intérieur de soi peut rebuter certains. Et si de plus en plus d'entraîneurs sollicitent des psychologues pour un travail personnel (de thérapie ou de supervision professionnelle), cette démarche reste encore taboue. Un peu à l'image du suivi individuel des sportifs, il y a encore quelques années. L'entraîneur vient souvent via un prétexte... Pas tant pour lui que pour parler de ses sportifs, dit-il... Ou alors, il sollicitera le psychologue sur le côté du terrain ou encore à la machine à café.

Mais lui aussi peut s'interroger sur son impulsivité ou sa difficulté à faire passer des messages auprès de générations nouvelles, aux « codes » différents des siens. Pour Nicolas Dehon, la « *rigidité* » de certains coachs s'apparente à une manière d'affirmer des convictions : « *Beaucoup vont faire en fonction de leur expérience personnelle avant tout et les entraîneurs qu'ils ont côtoyés auparavant. Par exemple, s'ils ont été formés par des coachs justifiant très peu leurs décisions, ils peuvent reproduire. Ils ont tendance à rester dans leur bulle et ils veulent conserver leurs convictions, coûte que coûte.* »

Bien sûr, l'entraîneur est avant tout humain et dans son rôle de chef d'orchestre des temps modernes, il lui est beaucoup demandé. Gérer les résultats, le groupe de joueurs, ses collègues entraîneurs, la presse, les dirigeants... Une montagne de responsabilités qui en fait un personnage facilement critiquable. Un fusible. Une cible toute désignée de la contre-performance. Alors, tel un sportif en mal-être, le mouvement de repli sur soi peut aussi devenir une facilité. Une manière de se protéger. La frontière entre la remise en question constructive et le doute sur la conduite à tenir devient fine. Et comme pour le sportif sous pression, la qualité de son environnement, de ses soutiens, des espaces de dialogue qu'il aura su créer autour de lui deviendra déterminante.

Richard Billant, un entraîneur avec lequel je collabore depuis de nombreuses années sur les aspects d'accompagnement des jeunes sportifs, témoigne de l'importance de ces espaces :

« *Entraîneur, c'est un métier qui génère énormément de stress. Un travail sur soi me paraît indispensable. Ça devrait être quasiment obligatoire de travailler sur soi avec un psychologue. On est extrêmement sollicité, on est un fusible entre les instances, les joueurs, les dirigeants, la presse : on a vite fait de nous tomber dessus dès que cela ne va pas ! Bien sûr que l'entraîneur est un coach mental. Je sais que le travail personnel que j'ai fait avec toi m'aide dans mon approche de ce domaine. Je le fais inconsciemment, mais mon coaching mental s'est affiné. De par ce travail personnel, mais aussi parce que j'ai développé des connaissances plus précises dans ce domaine en m'intéressant au sujet, notamment à travers de nombreuses lectures. Comme l'a très bien décrit Phil Jackson*[1] *dans ses livres, le rôle de l'entraîneur est de s'entourer de meilleures compétences. Pas de vouloir être tout-puissant. Pour moi, le psychologue du sport fait partie de ces compétences.* »

C'est également une de mes convictions profondes : le premier coach mental doit être l'entraîneur. Car il est le lien privilégié. Il est le porteur du projet de performance. Il est l'homme (la femme) de terrain, le regard extérieur et la référence première du sportif. S'il l'est de fait, s'il incorpore ces aspects quoi qu'il advienne, de façon souvent inconsciente, le travail en triangle acté et construit **sportif – entraîneur – psychologue** revêt de nombreux bénéfices. Il permet au sportif d'investir différemment des problématiques et à l'entraîneur de s'appuyer sur des compétences extérieures afin de ne

---

1. Phil Jackson, aujourd'hui dirigeant de club en NBA, est une légende du coaching en basket-ball. Il est notamment l'ancien coach de Michael Jordan et l'auteur de nombreux ouvrages sur l'entraînement.

pas glisser à une place qu'au fond, il ne souhaite pas occuper.

L'investissement du sportif dans son travail avec le psy du sport, bien loin de l'éloigner de son coach, permet de laisser place à une relation plus saine, plus « professionnelle », où l'affectif est à sa juste mesure. Où la parole n'est pas surinterprétée dans un sens comme dans un autre. La clarification de ces positionnements affectifs et émotionnels n'est pas toujours facile et demandera un effort des deux parties. Une ouverture de l'ensemble du duo.

L'entraîneur s'affaiblit-il pour autant en entreprenant cette démarche ? C'est en tout cas parfois sa crainte. Pour certains, parfois, trop de dialogue équivaut étrangement à trop de faiblesse. Mais comme on l'a vu via les différents témoignages précédents, l'entraîneur s'enrichit et prend vite goût à ces échanges. Sa connaissance du domaine « psy-mental », comme pour le sportif, croît en général à une vitesse impressionnante.

Pierre : un coach fermé à la psy ?

J'aimerais conclure cette partie par une anecdote résumant bien cet aspect. J'ai rencontré il y a quelques années un entraîneur d'athlétisme qui, c'est le moins que l'on puisse dire, n'était pas très « ouvert » à la dimension psy. J'avais fait sa connaissance via un sportif d'une vingtaine d'années qu'il entraînait depuis près de cinq ans et avec lequel je travaillais depuis plus ou moins six séances.

Intrigué par le changement d'attitude récent de son sportif, à l'entraînement comme en compétition, ce coach (appelons-le Pierre) avait fait la demande de me rencontrer. Le premier entretien avec lui fut relativement musclé ! Pierre commença par m'interpeller sur le fait que je ne l'avais pas prévenu du suivi de son sportif et exigea de connaître le nom de tous les sportifs de son groupe avec lesquels je pourrais travailler !

J'essayai donc posément de lui expliquer le principe de confidentialité, l'intérêt pour le sportif d'en bénéficier et enfin le fait qu'il s'agissait non pas de le tenir dans le secret, mais comme souvent, d'attendre le moment le plus opportun pour l'inclure dans le travail. Et enfin que le sportif majeur reste seul maître de la décision de faire part à autrui de ce qui reste une démarche personnelle.

Pierre prit assez mal cette intrusion dans son univers. Les athlètes de son groupe, c'étaient *ses* athlètes. Il les gère, les protège, les guide. Il ne comprit pas que l'on ne puisse pas l'associer systématiquement à cette démarche.

« *Le coach mental, c'est moi !* me dit-il. *Je n'ai pas besoin de quelqu'un d'extérieur !* » « *Ça tombe bien* », répondis-je. *Ce soutien n'est pas pour vous, il est pour ce sportif. Et je suis désolé, mais il fait ce qu'il veut !* » Je lui signifiais cela, je l'avoue, un brin énervé face à son hostilité (car oui, je suis psychologue, certes, mais pas moine bouddhiste et, croyez-le ou non, moi aussi, il m'arrive d'être agacé… Surtout quand un inconnu tente de m'expliquer mon métier de bon matin…).

Malgré la tension importante entre nous, nous avançâmes dans l'échange et commençâmes enfin à parler du sportif concerné. Je perçus assez rapidement sa surprise sur le retour que je lui proposais sur son athlète. « *Comment lui qui ne connaît mon sportif que depuis un mois peut-il le décrire avec autant de précision ?* » semblait-il se demander…

Au fur et à mesure que nous avancions, je fus moi-même stupéfait de la finesse de son analyse sur son athlète. Ses peurs, ses frustrations, ses blocages, son évolution depuis l'adolescence. Ce jeune, il le connaissait sur le bout des doigts, il l'appréhendait parfaitement et, bien sûr, la dimension affective entre eux était évidente. Ce sportif, il l'appréciait vraiment, et Dieu qu'il avait envie de le voir réussir !

Je pense au fond et avec le recul que deux facteurs contribuèrent à son apaisement au cours de notre entretien :

1) Pierre se dit que mon analyse sur le sportif était juste et que j'y étais peut-être pour quelque chose dans l'amélioration de son moral et de sa motivation (vu que celle-ci avait justement, selon ses propres dires, brusquement changé depuis un mois, date du début de notre collaboration).

2) Il sentit que, moi aussi, j'étais investi auprès de « son » jeune et que je souhaitais fortement le voir réussir. Cette bienveillance commune envers ce garçon créa un terrain d'entente. Un point, ou plutôt, un objectif commun.

Nous conclûmes l'entretien de façon cordiale et souriante, en nous mettant d'accord sur le fait d'échanger régulièrement. Pierre me proposa même de passer le voir à l'entraînement afin de pouvoir observer le sportif, ce que je fis peu de temps après.

Quinze jours passèrent et un matin, en arrivant à mon cabinet, je constatai une anomalie sur mon agenda. Celui-ci était bardé, pour toute la semaine suivante, de rendez-vous en athlétisme. Info prise auprès de mon secrétariat, il s'agissait des rendez-vous pris pour le même groupe… via l'appel d'un entraîneur… Un certain Pierre. Je m'empressai donc d'appeler ce dernier sur son portable.

Cédric : « *Alors, Pierre, qu'est-ce qui se passe ?* »

Pierre : « *Ahhh, Cédric !* me répondit-il. *Tu as vu ce week-end ? Il a fini premier de sa course ! C'est super. Il était vraiment au top. Concentré, confiant, je l'ai retrouvé, là !* »

C. : « *Oui, Pierre, je suis au courant et c'est formidable. Mais dis-moi, pourquoi ai-je tout ton groupe en rendez-vous cette semaine ?* »

P. : « *Oui, tout à fait. Eh bien, je me suis dit que c'était bien qu'ils te voient... Pour faire le point sur eux, tu vois...* »

Je ris, puis lui rappelai que je n'étais pas magicien non plus et qu'il ne fallait pas s'attendre à ce que tous ces sportifs « explosent » grâce à quelques séances. Sans compter enfin qu'il n'était pas évident pour moi d'avoir de la place pour tout le monde.

P. : « *Je sais, je sais... Mais il faut au moins qu'ils sachent s'ils en ont besoin ou pas.* »

C. : « *O.K., Pierre... Mais je croyais que c'était toi, le coach mental ?* »

P. : « *Oui, c'est moi, mais disons que tu es un bon assistant ! Et puis moi, je n'ai pas toujours le temps !* » dit-il dans un rire provocateur.

C. : « *Très bien, coach. Eh bien merci de me faire confiance, alors !* »

P. : « *Non, merci à toi, Cédric,* dit-il plus sérieusement. *Et puis, je passerai te voir car il y a aussi quelques trucs plus perso dont je voudrais te parler.* »

Et en effet, je vis par la suite Pierre pendant plusieurs mois, afin de d'échanger sur ces sportifs, mais également pour parler de lui. Il me confia un jour que l'évolution de ce jeune champion lui avait donné des idées... Et qu'il s'était dit que cela ne pouvait pas lui faire de mal à lui aussi, au fond... d'avoir son espace personnel.

Le suivi personnel du coach : un domaine encore tabou ?

▲ L'histoire

« Je ne veux pas les laisser tomber ! »
David, 43 ans, entraîneur

David aime désormais prendre ses aises dans mon bureau. Il apprécie la tasse de thé que je lui offre à son arrivée et aime converser de l'actualité sportive avec moi avant d'entrer dans le vif du sujet.

David est un jeune entraîneur de sport de combat qui aime passionnément son métier. Depuis plusieurs semaines, il vient s'entretenir avec moi de son groupe d'athlètes, car j'en suis plusieurs à titre individuel. Afin de faire le lien et de me donner un retour du terrain. Progressivement, j'appris à le connaître et David évoqua de plus en plus auprès de moi son vécu personnel du métier d'entraîneur.

Il évoqua, au détour de l'analyse de ses sportifs, ses propres angoisses, encore toutes « fraîches », d'ex-sportif de haut niveau, qui trouvaient un lieu d'expression privilégié dans sa nouvelle carrière.

Peur de mal faire, de mal communiquer, d'être trop laxiste ou, à l'inverse, trop sévère. Peur de ne pas être à la hauteur et pas assez bon, tout simplement. De fil en aiguille, les entretiens sur les sportifs laissèrent place à des entretiens davantage axés sur sa pratique professionnelle, sans que cela ne soit jamais réellement formulé entre nous et même si, très tôt, j'avais senti dans sa démarche une volonté latente d'aborder des problématiques plus personnelles.

En ce jour, David apparaît marqué. Fatigué. Même s'il affiche comme toujours un sourire chaleureux de circonstance.

Cédric : « *Bonjour, David. Comment allez-vous ?* »

David : « *Bien, Cédric et vous ?* »

C. : « *Très bien, merci. Comment vont vos jeunes, alors ?* »

David pousse un soupir.

D. : « *C'est difficile en ce moment. Bon, la dernière compétition n'a pas été formidable... Quelques satisfactions, mais dans l'ensemble, c'est décevant, donc on se remet en question.* » Forcément, je m'interroge sur tout ça.

C. : « *Vous pensez avoir des responsabilités directes ?* »

D. : « *Oui, parce que l'on en a toujours. On est jugé là-dessus et puis, au-dessus de nous, on nous le fait savoir... C'est souvent un milieu, vous le savez bien, où l'on vous encourage, où l'on vous tape dans le dos quand les résultats sont bons et où l'on vous déglingue dès que ça va moins bien... Bon, c'est la règle du jeu, mais parfois, c'est moralement que ce n'est pas évident à encaisser. Déjà que le métier n'est pas facile et que l'on nous demande toujours plus...* »

C. : « *C'est-à-dire ?* »

D. : « *On a l'impression que l'on doit être partout. On doit être entraîneur, formateur, éducateur, planifier les déplacements, les entraînements, gérer les petits soucis individuels au quotidien, être à l'écoute des sportifs, gérer les conflits... Parfois, j'ai l'impression d'être débordé...*

De faire plusieurs métiers à la fois. Quand je rentre chez moi le soir, je suis épuisé. Je n'ai envie que de dormir. Et puis, j'ai quelques soucis dans ma vie personnelle aussi, donc ça n'arrange rien. »

C. : « *Vous voulez en parler ?* »

D. : « *Disons que c'est assez tendu chez moi avec ma compagne. Forcément, je rentre tard, je ne suis que très peu présent pour elle. Donc cela crée des conflits. C'est un engrenage, en quelque sorte. Et même lorsque je suis là, je ne suis pas vraiment disponible mentalement. J'ai toujours beaucoup de choses à faire. Et puis, je suis toujours stressé. À penser à ce que j'aurai à faire le lendemain. Je ne sais pas… Je ne suis plus comme avant. Je suis devenu très irritable. La moindre réflexion est sujette à conflit.* »

C. : « *Quel type de réflexions ?* »

D. : « *Tout et rien. "Tu n'as pas rangé un truc, tu as oublié de faire cela…" Je me contiens, mais j'ai envie d'exploser. Cela ne me ressemble pas. J'adore ma femme. Je ne sais pas pourquoi je suis comme ça.* »

Me doutant que David ne me décrit alors que le dessus de l'iceberg, je me livre à une rapide évaluation clinique.

C. : « *D'accord. Et du coup, ces derniers temps, vous allez comment ?* »

D. : « *Bof. Disons que je suis assez démoralisé. J'ai l'impression de mal faire mon travail et de mal me comporter chez moi aussi.* »

C. : « *Vous dormez bien, vous avez bon appétit ?* »

D. : « *Je dors difficilement… Je me réveille beaucoup. Je ne sais pas pourquoi. L'appétit ? Peu. Je mange, mais parce qu'il faut, quoi. Mais j'ai sûrement perdu du poids…* »

C. : « *Il y a encore des choses auxquelles vous prenez plaisir ?* »

David prend quelques instants de réflexion afin de sonder cette dernière question. Comme s'il cherchait dans de lointains souvenirs...

D. : « *Franchement, je ne sais pas. J'en prenais, avant. Quand je voyais des amis, que je sortais un peu ou passais de bons moments avec ma compagne. Mais maintenant, je n'ai même plus envie de sortir.* »

C. : « *Bien, je vois. Ce n'est pas la grande forme, quand même. Il faudrait peut-être prendre un peu de temps pour vous, je pense. Vous avez besoin de souffler un peu, David.* »

D. : « *Oui, mais je ne peux pas. La priorité, c'est mon groupe, quand même. Et ça devient obsessionnel. Je suis toujours en train de penser à tous les soucis. Je n'arrive pas à couper. En plus, avec mon manque de sommeil...* »

C. : « *Oui, mais peut-être que vos difficultés de sommeil sont liées à ce stress, justement.* »

D. : « *Ah bon, vous pensez ?* »

C. : « *Depuis combien de temps dormez-vous mal ?* »

D. : « *Je ne suis pas sûr... Peut-être deux ou trois mois. Cela dépend. Ça varie.* »

C. : « *Et depuis combien de temps ont vraiment commencé les problèmes avec votre fédération, les reproches et tous les soucis ?* »

À nouveau, David prend un moment pour faire appel à ses souvenirs.

D. : « *Sûrement depuis la compétition internationale où j'ai un des jeunes qui était favori et qui s'est fait sortir au premier tour. Il y a deux mois et demi à peu près...* »

Puis, pensif, il commente lui-même.

D. : « *Ah oui, en effet, ça correspond. C'est peut-être à cause de cela, alors.* »

C. : « *Écoutez, en tout cas, ce qui est sûr, c'est que tout ce stress vous affecte au niveau conscient et aussi inconscient. On voit bien que votre difficulté à tout gérer, même si dans l'absolu, c'est impossible, vous fait énormément culpabiliser. Tout cela vous affecte et vous ramenez tout ce stress, toute cette frustration, cette colère chez vous, où elle peut sortir au moindre prétexte. Du coup, c'est également votre couple que vous mettez en danger. Vous étiez déjà pas mal perfectionniste en tant que sportif, il me semble ; je ne suis pas sûr que cela ait beaucoup changé depuis que vous êtes entraîneur, en fait.* »

Je lui adresse un sourire complice après cette dernière remarque et David sourit à son tour.

D. : « *Oui, ça, c'est vrai, je n'ai pas beaucoup changé à ce niveau-là ! Mais il faudrait que je fasse quoi, du coup ?* »

C. : « *Vous enlever un peu de pression. Essayez de prendre un peu de temps pour vous et de moins vous angoisser à l'idée de chaque résultat, de chaque compétition. Prendre un peu de distance et garder une position professionnelle et moins investie du point de vue affectif dans votre travail.* »

D. : « *Oui, mais j'ai l'impression que si je fais cela, au fond, cela voudrait dire que je suis un branleur, quoi ! Que je me désintéresse de mon travail, de mes sportifs.* »

C. : « *Peut-être déjà qu'entre "branleur" comme vous dites et "ultra-angoissé pour le moindre détail", il y a un juste milieu à trouver, qui existe et qui est, en réalité, un niveau approprié d'investissement. Ensuite, vous dites, David, que vous êtes soucieux de la réussite de vos athlètes, n'est-ce pas ?* »

D. : « *Oui, c'est vrai, je suis très investi. J'ai vraiment envie de les aider, de les voir réussir. Pas seulement vis-à-vis de mes supérieurs, mais vis-à-vis d'eux, surtout. Ils comptent sur moi. Je ne veux pas les laisser tomber.* »

J'ai senti dans cette dernière phrase une émotion palpable étreindre sa voix. Comme si l'angoisse qu'il contenait jusque-là avait ressurgi à l'évocation de cette idée abandonnique envers son groupe. « *Ne pas faillir. Ne pas craquer. Être fort, pour eux. Ne pas être faible.* » J'entends toute cette angoisse ressurgir dans cette voix tremblotante et dans ces yeux qui peinent à présent à contenir des larmes.

C. : « *Mais êtes-vous vraiment disponible pour eux actuellement, dans l'état dans lequel vous êtes, David ?* »

D. : « *J'essaie, mais... Pas vraiment, non. Je suis tellement fatigué, je ne suis même pas sûr d'être toujours lucide et efficace.* »

C. : « *Vous voyez, David, ce qui est valable pour les psy, c'est valable pour vous, aussi. Je m'explique. C'est très compliqué d'être disponible pour autrui si nous sommes trop pris par nos propres angoisses et problématiques. C'est pour cela d'ailleurs que beaucoup de psy font un travail personnel de supervision auprès d'autre psy. Prendre soin de vous, cela commence par cela et c'est une nécessité. Si vous, vous n'êtes pas opérationnel, vous le serez très difficilement pour les autres. Donc vous voyez, vous n'avez pas d'autre choix, si vous voulez bien faire votre travail, que de prendre un peu de temps pour vous et d'apprendre à mettre de la distance avec la pression qui vous entoure.* »

D. : « *O.K., je crois que vous m'avez coincé, là ! Donc il faudrait que je vienne un peu vous voir pour parler de cela aussi, c'est ça ?* »

C. : « *C'est comme vous voulez, David, mais je pense en effet que cela pourrait vous faire du bien. Venir ici, c'est prendre un temps pour vous. Dans le concret comme dans la symbolique, c'est un premier pas important. La démarche, cela compte.* »

David secoue la tête comme pour acquiescer à mes propos et inspire un grand coup.

D. : « *Yes. Je vais faire cela. Il faut que je me prenne un peu en main...* » Puis, soucieux, il ajoute : « *Mais tout cela, Cédric, cela restera bien confidentiel, n'est-ce pas ? Je ne tiens pas à ce que cela se sache.* » Je le rassurai donc, même s'il connaissait déjà ma réponse.

C. : « *Oui, David. Bien sûr. Comme le sont les séances avec vos sportifs, tout cela reste confidentiel.* »

▲ L'analyse

Si les sportifs peuvent bénéficier de la porte d'entrée « prépa mentale », ce n'est pas le cas des entraîneurs. Bien sûr, ces derniers sont soumis à une pression importante et ont un désir de « bien faire » quasi maladif. L'exigence est un maître mot à tous les étages d'une fédération sportive et l'entraîneur fait souvent office de tampon entre ses différentes strates. Mais son suivi personnel reste un domaine encore un peu tabou. Comment le guide, le capitaine de navire pourrait-il être faible ou fragile ?

Comme le SHN, l'entraîneur se retrouve contraint à être en représentation de faiblesse plutôt que dans l'optique d'effectuer un nécessaire et constructif travail sur lui, afin de gérer au mieux les très importantes contraintes de son métier.

Le champion n'est pas tout-puissant et son entraîneur non plus. Les responsabilités de ce dernier sont souvent multiples. Parmi celles-ci, comme on l'a vu dans notre exemple, la capacité d'être disponible pour l'autre, de pouvoir le comprendre, le conseiller, le motiver ou le remotiver, de trouver les bons mots en fonction du public – adultes, ados, hommes ou femmes –, tout cela nécessite une grande souplesse et une grande capacité d'adaptation.

Ainsi, se connaître soi-même, comme on l'a abordé précédemment, s'avère fondamental afin d'être un bon coach, tout comme le fait de connaître ses limites et de s'autoriser la souffrance ou l'épuisement. Le Déni de cette fatigue, quand il aura lieu, aura un effet dominos : sur la vie même de l'entraîneur, puis sur les sportifs dont il aura la charge.

L'entraîneur se doit donc d'être aussi vigilant et bienveillant envers lui-même qu'envers ses sportifs.

Cédric Quignon-Fleuret et Richard Billant,
directeur du Centre Fédéral de Basket-ball de l'Insep.

3

Accompagner la souffrance

3.1 Le paradoxe de la demande d'un sportif en souffrance

▲ L'histoire

« Je ne veux pas faire chier tout le monde avec mes problèmes. »
Dominique, 25 ans, athlète-course

« Bonjour, vous faites bien de la préparation mentale ? »

C'est sur ces mots que je commence mon premier entretien avec Dominique. Cette coureuse de 800 m avait entendu parler de moi par une autre sportive de son groupe avec laquelle j'avais travaillé quelque temps auparavant.

Dominique est une belle jeune femme. Elle a un corps élancé et un visage aux traits fins et délicats. À sa vue, on se dit qu'elle doit sûrement avoir beaucoup de succès auprès de la gent masculine de son groupe d'entraînement. C'est un facteur relativement objectif que j'intègre instantanément. Un facteur qui a un poids pour un psychologue du sport.

En effet, dans le sport de haut niveau, les jolies filles, ou du moins celles qui sont le plus appréciées par leurs homologues masculins, peuvent être confrontées à des difficultés spécifiques. Elles peuvent être plus davantage moquées que d'autres ou bien très jalousées par certaines de leurs partenaires féminines. Parfois, elles sont même prises à partie sans raisons réelles. Simplement parce qu'elles auront attiré la convoitise d'un garçon qui plaisait à une autre et ce sans même en avoir conscience.

Certaines doivent d'ailleurs redoubler de caractère, voire d'agressivité, pour se faire respecter dans ce milieu aux codes masculins. Elles n'ont pas envie d'être juste « *la jolie fille* » ou « *la petite poupée fragile* ». Elles sont des championnes avant tout et tiennent en règle générale à le faire savoir.

Je l'accueille.

Cédric : « *Bonjour. Oui, je suis psychologue du sport, donc je travaille sur les aspects personnels comme sur l'aide à la performance. Qu'est-ce qui vous amène, Dominique ?* »

Dominique : « *Je viens vous voir parce que... Je ne sais pas, en fait... Je ne me sens plus bien à l'entraînement... En compétition, aussi. Je ne prends plus de plaisir... Je fais de mauvaises perf' et cela ne m'affecte presque plus du tout. Je sens bien que depuis quelques mois, je n'y suis plus. Je me demande même si je vais continuer dans le sport...* »

Une sorte de signal d'alarme rouge apparaît dans mon esprit dès lors qu'un sportif me confie ne plus être affecté par de mauvaises performances. En effet, en jargon sportif, c'est un symptôme clinique des plus inquiétants... Un peu comme un médecin qui s'entendrait dire par un patient qu'il est victime de vives douleurs thoraciques ! Ne plus être affecté par la perf', pour un sportif de haut niveau, en général, c'est grave, docteur !

C. : « *Et comment cela a-t-il commencé ? Cela fait longtemps ?* »

D. : « *Je ne sais plus trop. Plusieurs mois, en tout cas. Cela fait longtemps que je pense à parler à quelqu'un.* »

C. : « *Et il s'est passé quelque chose qui vous aurait fait du mal ? Une contre-performance ou événement personnel qui vous aurait touchée ?* »

Dominique songe quelques instants à ma question. Elle paraît embarrassée. Elle me dit finalement :

D. : « *Un événement personnel, oui... Mais je ne sais pas si cela a un lien avec mes problèmes sportifs.* »

C. : « *Eh bien, dites-moi toujours.* »

D. : « *En fait, j'ai rompu avec mon copain et...* » Sa phrase s'interrompt tout d'un coup.

Dominique fond en sanglots. Je lui tends un mouchoir tiré de la boîte posée sur mon bureau. « *Excusez-moi* », balbutie-t-elle tout en séchant ses larmes.

C. : « *Ne vous excusez pas. Non seulement c'est normal, mais cela peut vous soulager.* »

D. : « *Non, mais ça m'énerve de pleurer pour ça. De faire ma gonzesse... J'essaie de ne plus y penser, mais dès que j'en parle... C'est plus fort que moi... Je ne peux plus m'empêcher de pleurer.* »

C. : « *Mais encore une fois, ce n'est pas grave de pleurer. Cela ne fait pas de vous quelqu'un de faible, si c'est cela que vous suggérez par "faire ma gonzesse".* »

J'ai réussi à la faire sourire par cette dernière remarque.

D. : « *Oui, c'est ce que je voulais dire* », dit-elle en reprenant son souffle.

C. : « *Allez... Racontez-moi ce qui s'est passé...* »

Dominique me raconte alors sa rupture avec cet homme avec lequel elle vivait une histoire d'amour passionnelle depuis près de trois ans. Et puis, un jour, sans prévenir, une annonce. Aussi soudaine que brutale. Il la quitte. Il ne l'aime plus. Il lui avoue une triste et banale vérité : il en aime une autre... Une autre sportive... Il veut rester avec cette dernière, à présent. Le choc fut terrible pour Dominique.

Entre une tristesse profonde et une rage puissante. Entre la colère et le désespoir. Mais au final, c'est à elle qu'elle s'en est prise. C'est elle qu'elle a prise pour cible. Comme un réflexe de sportive. Dans ce milieu sans concession de l'excellence, en cas d'échec, on se remet en cause...

D. : « *C'est sûrement ma faute,* poursuit-elle. *Je n'ai sûrement pas su, je n'aurais sûrement pas dû... J'aurais dû plus écouter, comprendre. Et je suis trop conne. Je n'ai rien vu venir. Cela a duré pendant des mois. J'ai fait confiance comme une gamine... Naïve... Crédule... Je m'en veux* », répète-t-elle à l'envi.

Cette blessure réelle, violente, cette injustice, elle ne les pas travaillées. Pas exprimées à qui que ce soit. Elle les a cachées, dissimulées. Comme une maladie honteuse. Comme une défaite inavouable. Elle a été battue par sa rivale... Quittée, plaquée pour une autre... Plus jolie, ou plus tendre, ou plus douce... Elle ne le sait pas vraiment, en fait, mais elle l'imagine, le fantasme ainsi.

Je comprends alors qu'elle se torture psychiquement depuis des mois avec pour instrument de maltraitance cette idée insupportable : elle est la cause de sa souffrance. Les dégâts causés par ce traumatisme sur son moral sont importants : Dominique ne dort plus, ne mange que très peu, elle a perdu beaucoup de poids (un régime pour courir plus vite, s'est-on dit dans son entourage familial et sportif. Le sport offre en effet dans ces occasions une parfaite couverture à cela). Son humeur est en permanence triste. Du lever au coucher. Elle n'a plus goût à rien.

Ni dans son sport ni dans la compagnie de ses proches. Elle va de sa chambre à la piste et de la piste à sa chambre. Ni ses parents, ni ses amis, ni même les médecins qui l'ont vue depuis cet événement ne sont au courant de tous ces symptômes qu'elle dissimule avec une grande facilité. Nul ne sait aussi bien qu'un sportif de haut niveau de quelle manière dissimuler sa souffrance. Ne pas montrer. Il ne faut pas. On ne peut pas montrer la faille, la faiblesse.

On continue à sourire, à faire semblant, à donner le change… Maintenir les apparences, coûte que coûte. Préserver son image de force. De guerrier (de guerrière). De champion. « *Un champion, une championne, ça ne pleure pas, voyons…* » Dominique est en dépression, elle a même déjà pensé plusieurs fois à la mort. Celle-ci lui apparaît comme un soulagement potentiel. Une porte de sortie pour échapper à la douleur devenue trop quotidienne et trop pesante.

Mais cette dépression, elle ne s'en donne pas le droit, elle la refuse, elle dénie son droit d'existence. Elle tente de la rejeter avec tant de force qu'elle n'en prend que davantage de consistance et de place dans sa vie.

D. : « *Je ne veux pas faire chier tout le monde avec mes problèmes,* me dit-elle. *Mes parents m'ont énormément soutenue dans la vie. Ils ont leurs problèmes à eux, aussi… Je ne veux pas les inquiéter. Je ne veux pas leur montrer que je suis faible. Déjà, leur dire que je verrai un psy, ce serait la honte, alors leur dire tout cela...* »

Pas de soutien, donc, depuis des mois dans cette épreuve et une tentative désespérée de se reconstruire par le sport. Dans le sport. Mais les jambes ne suivent plus. Elle est arrivée au bout de sa stratégie de Déni. Cette stratégie l'a finalement menée jusqu'à mon bureau, guidée par la vigilance d'une partenaire d'entraînement qui avait bien compris que quelque chose n'allait pas. Quelque chose au-delà de la performance ou d'une ordinaire période de « moins bien ».

D. : « *C'est un échec, cette relation* », répète-t-elle, alors que les larmes continuent de couler abondamment sur ses joues devenues rouges par une émotion qu'elle ne contient plus.

C. : « *Mais une relation amoureuse, ce n'est pas une performance, vous savez. Une relation, c'est quelque chose qui se construit à deux, même s'il suffit d'un pour l'arrêter. Vous ne pouvez pas vous donner le crédit seul du bon comme du mauvais, dans une relation. Donc vous n'êtes coupable de rien. Et vous n'êtes pas faible : vous êtes humaine. Vous avez le droit d'être fragile, d'être touchée par ce qu'il s'est passé. C'est très violent, quand même.* »

D. : « *Oui, ça, c'était violent*, acquiesce-t-elle. *Moi aussi, j'aurais dû être violente, d'ailleurs... J'aurais dû lui mettre mon poing dans la gueule, à ce connard... Et à l'autre pouffe aussi, d'ailleurs !* » dit-elle en riant.

Je ris aussi de bon cœur. « *Ça doit lui faire du bien de se lâcher un peu* » me dis-je.

C. : « *Bon, c'est un point de départ, ça... Je préfère que vous soyez en colère contre lui que contre vous, au final. Cela vous protégera. Ça contribuera à arrêter de faire de vous la coupable. Vous n'avez rien à vous reprocher, je vous le répète. C'est une histoire qui s'arrête et le moins que l'on puisse dire, c'est qu'il n'a pas été très classe, votre copain. Donc, il faut vous légitimer. Vous donner le droit d'aller mal pour pouvoir aller mieux. Pour pouvoir faire votre deuil de cette relation et passer à autre chose.* »

D. : « *O.K., d'accord* », dit-elle, s'apaisant peu à peu et intégrant cette dernière phrase comme s'il s'agissait d'une ultime consigne avant la course. « *Je vais essayer, me dire que ce n'est pas de ma faute. C'est vrai... J'ai tout fait pour que ça marche.* »

C. : « *Cela va aller ?* »

D. : « *Oui, ça va aller... Ça m'a secouée, mais cela m'a fait du bien, je crois... Ça avait besoin de sortir.* »

C. : « *Oui, je pense aussi.* »

Je reverrai Dominique pendant presque un an à la suite de cet entretien. Faire le deuil, se déculpabiliser, réinvestir le sport, renouer du lien social, refaire confiance aux gens et, étape ultime : refaire confiance à un homme. Prudemment. Posément. Avec anxiété, crainte, appréhension... Mais se remettre en danger. À nouveau. Accepter l'équation inaltérable : on ne peut vivre quelque chose de très fort sans risquer de souffrir. C'est ainsi. Dure mais immuable règle du Jeu. En sport comme en amour.

Le sport est d'ailleurs au fond une histoire d'amour, sous bien des aspects. C'est un objet passionnel qu'on peut adorer autant que détester. Souvent les deux. On ne peut s'en passer et un jour on ne veut plus entendre parler. On ne veut même plus le voir. C'est une relation forte et unique, avec ses hauts et ses bas. La passerelle entre amour et sport est en fait assez évidente.

Apprendre de l'un peut sûrement nous aider à mieux appréhender une situation difficile dans l'autre. C'est au moins un des avantages de se confronter à cela. En théorie.

▲ L'analyse

« Dans le sport de haut niveau, il faut être fort mentalement ! »

Depuis l'enfance, le jeune champion (la jeune championne) aura mille fois entendu cet adage.

Être fort, dur, ne pas se plaindre, accepter la souffrance, la douleur. Avancer. Tout cela est censé faire partie du bagage du « parfait sportif ». Parle-t-on alors du corps, de l'esprit ? Souvent des deux, me semble-t-il. Mais entre la capacité à afficher de la résistance face à une douleur et le Déni de celle-ci, la frontière peut devenir fine. S'estomper avec le temps, voire disparaître totalement. Face à la souffrance, quelle attitude le sportif est-il censé adopter ?

Des symboliques en jeu dans le travail sur soi

Car après tout, aller chez le psy, c'est probablement davantage se situer dans la plainte qu'être fort, non ? Que va donc concevoir le sportif dans son esprit en allant chez le psy, sinon l'officialisation de sa propre faiblesse ? Et en conséquence, l'idée qu'au fond, il n'est sûrement pas taillé pour le haut niveau. Conclusion évidente pour lui : il vaut sûrement mieux ne pas y aller. Tout simplement. Garder tout ce mal-être au plus profond de soi et attendre des jours meilleurs. Attendre que cela passe.

Être fort, ce serait donc être silencieux ? Silencieux et discret, si possible, pour ne pas éveiller les soupçons. Car comment l'environnement va-t-il lui aussi appréhender cette nouvelle s'il vient à l'apprendre ? Va-t-on réellement sélectionner un athlète dépressif ? Un sportif en souffrance ? Lui faire confiance pour des échéances majeures ?

Le sport de haut niveau, ne nous y trompons pas, est un milieu ultra-compétitif et concurrentiel. La faille n'y est pas accueillie, en règle générale (et en première instance, en tout cas) avec humanité et compassion. Elle est guettée par des concurrents aux aguets qui attendent justement un signe de défaillance de votre part afin de vous dépasser et de prendre votre place.

Est-il du coup vraiment souhaitable que l'environnement sportif (entraîneurs, coéquipiers ou dirigeants) soit informé de ma situation ? Puis-je vraiment le leur dire ? Certains sportifs auront même des craintes à l'évoquer auprès de leur médecin.

Le réel se mêle ainsi à l'imaginaire et, pour les sportifs, trouver la juste conduite à adopter est de ce fait bien plus difficile à identifier qu'il n'y paraît au premier regard.

Bien sûr et comme pour tout un chacun, une situation de mal-être engendre plus souvent une importante envie de recul et d'isolement qu'un désir de se confier. Même si, paradoxalement, c'est bien le fait de pouvoir mettre des mots sur cette souffrance, l'analyser et en parler qui peut grandement contribuer au fait d'aller mieux.

Au contraire, on préférera bien souvent rester seul chez soi, ne pas toucher là où ça fait mal, là où c'est sensible. Ne pas déranger. Laisser la douleur tranquille... C'est bien compréhensible.

Nous ne sommes pas (a priori...) des êtres naturellement masochistes (et les sportifs, malgré ce que l'on pourrait croire, non plus), donc pourquoi nous infliger, nous-mêmes, pareille souffrance ?

Une volonté de gérer la souffrance aussi comme un champion : aller chez le psy, au fond, c'est un peu comme aller chez le dentiste. Plus nous savons que cela risque de nous faire mal et moins nous avons envie d'y aller !

Dans notre histoire, Dominique souhaite être « forte », telle que son environnement le lui a inculqué. Se comporter en championne et, donc, ne pas se plaindre. Elle reste ainsi dans une position psychique rigide de « sportive combative ». Nier sa douleur revient à nier sa part d'humanité « normalisée ».

Et comme nous l'avons déjà évoqué, être sportif de haut niveau, ce n'est pas être comme tout le monde. **C'est être exceptionnel.** Une exception, de fait : « *Je suis différent des autres, je fais des choses dont les autres seraient incapables.* » Mais également de par l'attitude : « *Je ne gère pas le quotidien, les difficultés, comme tout le monde. Je suis en toutes circonstances forte ! Je ne cède pas, ne plie pas face à la douleur.* » Le sportif de haut niveau se doit de se démarquer, selon les codes en vigueur, de par sa résilience et sa résistance physique à la douleur.

D'où l'intérêt pour le sportif de pouvoir bénéficier d'une porte d'entrée « mentale » liée à sa demande première. Une porte d'entrée déculpabilisante, car bien moins connotée dans le négatif ou liée à une représentation de faiblesse le concernant qu'une entrée « soin » ou « psychothérapie ».

Comme c'est le cas pour Dominique, qui ne donne pas le droit à son psychisme de souffrir, mais qui peut bien plus facilement adresser une demande d'aide pour son mental, pour sa performance. Le message répercuté du sportif se traduit alors en un : « *Ce n'est pas moi qui souffre, c'est ma performance.* »

La demande ne s'inscrit donc pas sous le sceau d'une plainte, d'un mouvement de fragilité ou de défaillance de l'athlète. Au contraire, cette demande s'inscrit symboliquement dans une démarche bien plus positive, constructive et axée sur l'amélioration de la performance, à savoir, « la préparation mentale ».

Cette démarche sera d'ailleurs de nos jours fréquemment soutenue par l'environnement sportif. Travailler son mental, c'est afficher la volonté d'être fort. Ça reste pour l'entourage « *travailler et vouloir progresser* » et, *in fine,* un signe de détermination.

J'ouvre ici une parenthèse pour signaler que l'on relèvera dans cette optique l'intérêt, pour l'intervenant en préparation mentale accueillant cette demande première (souvent ambivalente et, au sens réel, parfois dissimulée), à défaut d'être psychologue lui-même, d'au moins avoir conscience de ces mouvements psychiques paradoxaux.

Dans ces situations d'accueil de la demande, il sera, on le comprend ici, important d'avoir une connaissance pointue en matière de psychologie clinique, de manière à ne pas répondre de façon directe et non interprétée à ce qui est annoncé par le sportif. La demande du patient doit avant tout faire l'objet d'une analyse, qu'il ne pourra bien souvent pas faire lui-même, étant de fait prisonnier de ses propres angoisses et représentations. Je referme la parenthèse.

Comment donc arriver à légitimer cette demande d'aide sans positionner le sportif dans une position de faiblesse, qui, dans son fantasme, nuirait à sa performance ?

Nous reprendrons plus loin (partie III.2) cette question fréquemment véhiculée par l'environnement sportif : soigner le sportif est-il dangereux pour sa performance ? La question m'a d'ailleurs régulièrement été posée depuis mes débuts dans cette profession par différents entraîneurs.

Le boxeur sera-t-il aussi combatif s'il perd la rage qui l'anime par le biais de la thérapie, par exemple ? (Mike Tyson aurait-il fait la carrière qui fut la sienne s'il avait bénéficié d'une thérapie très jeune ?) N'y a-t-il pas un risque de désinvestissement fort si le sportif se prive de ce qui le pousse réellement et en profondeur à se dépasser ?

Bien sûr, la question mérite d'être posée, même si le psychologue, en tant que soignant, n'entre pas dans de telles considérations. Face à la souffrance, il soigne (il essaie, du moins). Et le début du soin, c'est déjà et avant tout faire travailler une symbolique au sportif de haut niveau : **son droit à la souffrance**, à sa propre souffrance. Travail qui doit être différencié d'un manque de résilience ou d'un défaut de combativité.

La connaissance de soi (et le développement des capacités introspectives) par le biais du travail personnel a pour objectif, à terme, d'apaiser le psychisme. De favoriser la sérénité et l'apaisement du champion, qualités qui lui seront nécessaires, voire impératives, pour sa performance. Ainsi, ne pas briser le lien avec sa performance dans ce droit à l'expression de sa souffrance, c'est favoriser l'acceptation de ce travail.

Ce n'est pas : « *On n'a pas le choix, vous allez mal, il faut vous soigner et votre performance, on s'en fiche !* » Il s'agit plutôt de dire : « *Si vous ne donnez pas à votre souffrance le droit d'exister et ne vous donnez pas le droit de prendre le temps de vous soigner, vous mettez en danger votre moral, votre sommeil, votre équilibre de vie et, au final, fatalement, votre performance ! Au contraire, ce travail sur vous, en vous permettant de mieux vous appréhender et de mieux vous connaître, pourrait même contribuer à vous aider dans la réussite de votre projet sportif.* »

Ce n'est pas qu'un dicton : « *Ce qui ne nous tue pas nous rend plus fort.* » Il faut se mettre dans une démarche de compréhension de ces affects pour pouvoir progresser… et continuer à avancer.

Comprendre et intégrer objectivement ma fragilité, ce n'est donc pas être trop faible, c'est au contraire être lucide. C'est pouvoir me donner la possibilité de travailler mes peurs, de me confronter à mes blocages et donc, au final, c'est faire preuve de beaucoup de courage !

Oui, entamer une thérapie, ce n'est ni simple ni facile. C'est sûrement bien plus « facile » pour un individu en souffrance de ne rien dire et de ne rien faire au final. Avoir le courage d'évoquer ce qui me fait si mal demande de la force et de la détermination à s'en sortir.

Je le dis souvent à des sportifs sortant éprouvés de mon bureau après un premier entretien douloureux : « *Il vous a fallu du courage pour faire cela. Je le sais. Et à partir de là, vous avez sûrement fait le plus difficile.* »

Du courage, ils en auront nécessairement fait preuve ce jour-là, pour être arrivés à me livrer leurs histoires et avoir réussi à franchir cette symbolique effrayante du « sportif qui se plaint », effaçant en partie le principal frein à leur guérison future.

3.2 Les enjeux psychanalytiques : la vraie force intérieure du champion ?

▲ L'histoire

« C'est vrai que je me suis déjà dit "si j'arrête le sport, ça va la tuer". »
Noa, 19 ans, nageuse

Noa est une nageuse de très haut niveau. Elle vient me voir depuis six mois au rythme d'une séance toutes les deux ou trois semaines. Originaire des Antilles, elle connaît parfois des moments de nostalgie en pensant à son île d'origine où elle conserve encore de la famille.

Elle a connu des difficultés d'adaptation à son arrivée en métropole, liées à ce changement total de mode de vie. Passer de la chaleur tropicale, de la vie au bord de la mer et sous le ciel bleu des Antilles à l'hiver pluvieux et la grisaille du ciel parisien, c'est un sacré choc, climatique et culturel.

Sans compter l'adaptation à un nouvel entraîneur, à un nouveau groupe de partenaires, à un rythme d'entraînement beaucoup plus intense et à une concurrence accrue. Tout cela confondu n'en a que renforcé le « mal du pays ».

Par chance, sa mère vit à Paris avec elle. Fille unique, elle n'a en revanche jamais connu son père, qui a quitté sa mère avant même sa naissance. Tout cela, Noa n'en parle que très peu. Elle m'a dit dès le début ne pas avoir été ou être affectée par cela. Elle ne manque pas de « *ce qu'elle n'a jamais connu* », selon ses propres termes. Elle n'a jamais cherché à le retrouver et sait vaguement qu'il travaillerait quelque part dans le nord de la France. En revanche, elle entretient une relation très proche et quasi fusionnelle avec sa mère, à laquelle elle voue une admiration sans limites. « *Ma mère : ce héros.* »

En effet, la maman de Noa l'a élevée seule après le départ de son conjoint et vivait à l'époque dans une grande précarité. Ses petits boulots accumulés, ses heures supplémentaires de femme de ménage, et même son déménagement en métropole, tout cela, c'était avant tout pour donner un maximum de chances de réussir à sa fille chérie. Sa vie à elle, de femme, a par contre totalement disparu. C'est une vie de sacrifices. Sans homme et avec très peu de loisirs.

En retour, Noa s'inscrit dans un parcours d'excellence, que cela soit dans la natation ou dans ses études, où elle s'apprête à suivre un cursus d'ingénieur.

Si aujourd'hui, l'adaptation se passe beaucoup mieux, c'est pour un autre problème qu'elle vient à présent me voir. Depuis plusieurs compétitions, les choses se passent mal. Noa constate un décalage important entre ses chronos à l'entraînement et ses temps en compétition. Elle dit se sentir crispée, tendue avant même le départ. Elle n'arrive pas à « *se lâcher* » dans l'eau et ressent comme un frein.

Est-ce à cause de cela qu'elle se sent triste et angoissée depuis quelques semaines ? Ou bien est-ce cette angoisse de plus en plus prenante qui l'affecte en compétition ? C'est ce que j'essaie de démêler avec elle ce jour-là, alors qu'une sélection importante approche à grands pas.

(Précision : si par défaut je vouvoie au départ tous mes patients-sportifs, je leur laisse le choix de ce qui les rend le plus à l'aise, sachant que dans le monde sportif, le tutoiement est souvent de rigueur et banalisé. Noa, en ce qui la concerne, m'a d'emblée signifié être plus à l'aise avec le tutoiement.)

Cédric : « *Bonjour, Noa.* »

Noa : « *Salut, Cédric.* »

Noa s'affale sur son siège, laissant ses interminables bras tomber le long de son corps et sa tête basculer vers l'arrière. Elle pousse un long soupir, puis se redresse et me lance :

N. : « *Bon, ça ne va pas, Cédric…* »

C. : « *Je t'écoute.* »

N. : « *Je ne sais pas si c'est à cause de la sélection qui approche, mais je suis de plus en plus stressée. C'est toute la journée, maintenant. Je me réveille avec une boule au ventre, j'ai envie de pleurer sans même savoir pourquoi… Je ne sais pas, je deviens folle, peut-être…* »

C. : « *Et est-ce que tu penses à quelque chose en particulier lorsque tu stresses ?* »

N. : « *Oui et non. Bien sûr à la compétition et que je n'ai pas* encore *envie de me rater. Mais pas que… En fait, j'ai du mal à l'expliquer, mais je me sens mal. Je me demande si je suis bien ici. À ma place.* »

C. : « *"Ici", tu veux dire, dans le sport de haut niveau ?* »

N. : « *Oui. Je ne sais pas si je ne perds pas mon temps, au fond. À quoi cela sert que j'y passe autant de temps si c'est pour ne rien faire, faire des chronos pourris ? Autant me concentrer sur mes études…* »

C. : « *C'est sûr que vu comme cela… Mais c'est une réflexion commune des sportifs lorsque les choses vont mal, tu sais. On a souvent tendance à remettre en question le sens de la pratique si les résultats ne suivent pas. On fait du haut niveau pour être bon. Mais bon, la difficulté, cela fait partie du parcours. On ne peut pas tout remettre en question dès que l'on rencontre des difficultés, tu le sais bien d'ailleurs.* »

N. : « *Oui, c'est vrai. Je le sais bien. Mais là, j'arrive à un âge où je vais vraiment devoir savoir si je choisis de persévérer dans le sport ou si je privilégie les études. Je n'ai pas envie de finir avec rien, quoi ! Ça me fait flipper, je te jure.* »

C. : « *Je comprends bien. Mais cette équation n'est pas nouvelle pour toi. C'est étonnant quand même que cela soit à ce point angoissant pour toi, spécialement maintenant. Comment ça va, en dehors du sport ?* »

Noa soupire à nouveau et regarde ses pieds d'un air désabusé.

N. : « *Ça va. Enfin bon, ça va... Je me fais chier, quoi. Je ne fais que bosser. Je m'entraîne, je vais en cours, je m'entraîne, j'étudie, je mange et je dors. Voilà. Je fais ça toute la semaine. Et le week-end, j'ai compét'. J'ai le temps pour rien. Je vais finir comme ma mère, au final... En vieille fille déprimée.* »

C. : « *Justement, est-ce que c'est une vision qui t'angoisse, de finir comme elle ?* »

Noa prend son temps pour réfléchir à cette réflexion qui l'interpelle, elle qui d'habitude me répond du tac au tac.

N. : « *Oui, ça me fait peur. Je veux dire, ma mère, je l'adore. Elle est trop gentille et elle fait tout pour moi. Depuis toujours. Mais bon, je vois sa vie et... ça ne me fait pas envie ! Elle ne fait que travailler. Elle est triste. Et moi, je suis partie pour faire pareil.* »

C. : « *Mais le sport de haut niveau, c'est ton choix ? Tu ne le fais pas pour elle ou pour lui faire plaisir ?* »

N. : « *Non, je le fais pour moi, mais je sais bien qu'elle est fière. Elle parle de moi à ses amies, ses copines. "Ma fille est une championne de natation, elle va peut-être aller aux jeux Olympiques, etc." Elle adore se vanter à propos de moi ! Et puis, j'avoue cela m'a toujours donné une force, une rage de gagner. Je veux la rendre fière. Lui rendre ce qu'elle m'a donné. Quand je pense à cette idée, cela m'a toujours donné une énergie incroyable. Mais attention, la compétition, j'aime ça, aussi. C'est valorisant d'être excellente dans quelque chose. Et puis, enfin… Cela m'a donné une forme d'autonomie.* »

C. : « *C'est-à-dire ?* »

N. : « *Ça m'a permis de partir de chez moi. Parce que ma mère je l'adore, mais au quotidien, elle est stressante, aussi. Elle me rend folle. Elle s'inquiète toujours pour moi et ça me stresse. Le haut niveau, ça m'a permis de prendre de la distance aussi, car je suis partie de la maison.* »

Je réfléchis à mon tour silencieusement à l'ensemble de ces infos. J'essaie d'ajouter ces nouvelles pièces du puzzle à l'ensemble que j'avais déjà en ma possession et lui propose alors une hypothèse.

C. : « *Mais au fond, ne peut-on pas faire un lien entre cette peur très vive chez toi d'un échec de vie avec les conséquences éventuelles d'un échec sportif ? Je m'explique. Est-ce que peut-être, on peut imaginer que tu te dises : "Si je ne suis pas performante, non seulement je déçois ma mère, mais en plus, je risque de finir comme elle." Avec un vrai paradoxe là-dedans. Parce que ta mère, tu l'admires autant que tu redoutes d'être comme elle. C'est un modèle ambivalent. Et tu commences à te voir dans ce modèle dans ce qu'il a d'angoissant et à le voir pointer le bout de son nez chez toi, avec ton rythme de vie actuel. Sauf que, bien sûr, les deux situations de ta mère et de toi sont totalement distinctes. Toi, c'est un choix et, à la base, un choix positif. Alors que ta mère a subi cette situation. C'était une contrainte à laquelle elle a dû faire face. Mais je pense que l'angoisse te rattrape et que tu perds le sens de ce que tu fais. Le sens de ton activité.*

Et puis aussi, il me semble qu'il y a un autre aspect. Je pense que tu te sens prisonnière. »

Noa me lance une mine circonspecte face à cette dernière remarque.

N. : « *C'est-à-dire ? Prisonnière de quoi ?* »

C. : « *Paradoxalement, d'une situation que tu as choisie. Tu as très envie de rendre ta mère fière de toi, mais au fond, as-tu la possibilité d'échouer et donc de la décevoir ? Le risque que tu fantasmes, de lui faire peut-être du mal en échouant, est beaucoup trop culpabilisant. Trop lourd à porter. C'est à la fois un moteur et un frein, ce rapport. C'est en cela qu'il est ambivalent.* »

N. : « *Mais cela veut dire quoi en fait, ambivalent ?* »

C. : « *On peut le traduire par le fait que cela va dans deux directions opposées. On parle en psychanalyse d'un même objet (en l'occurrence, ta mère), pour qui tu peux générer à la fois une admiration forte, un respect très important qui te pousse et te stimule et, dans le même temps, une vision angoissante qui te paralyse. La peur, c'est celle de te sentir prisonnière de ta propre vie, de tes contraintes et de tes responsabilités. Comme l'est ta mère, selon ta vision. Bien sûr, je ne fais qu'émettre une hypothèse, mais c'est à toi de la valider ou non, en réalité.* »

N. : « *Oui, en fait, ça me parle tout à fait, ce que tu viens de dire. C'est certain que c'est quelque chose de difficile à exprimer parce que ma mère, je l'adore. Mais c'est vrai aussi que je me suis déjà dit : "Si j'arrête le sport : ça va la tuer." Ou même "si je rate mes études". D'un côté, j'ai envie de tout ça, mais en même temps, je me sens obligée de réussir pour ne pas lui faire de la peine. Et puis c'est dur de m'investir à fond dans le sport, parce que la pauvreté, ça m'angoisse trop. Et ce n'est pas la natation qui va me rendre riche ! Je respecte ce qu'elle a fait pour moi, mais… je ne veux pas passer ma vie à rester chez moi seule et à faire des ménages pour vivre. Donc est-ce que je ne ferais pas mieux d'assurer les études ? Pff, ouais… C'est compliqué, tout ça. Je ne sais plus…* »

C. : « *Bon, en tout cas, on voit que le nœud du problème est sûrement par là. Sur ce positionnement clair qu'il te faut avoir. Je sens qu'il y a une position très responsable, très culpabilisée dans ta démarche.* »

N. : « *De toute façon, je me sens toujours coupable de tout. Dès qu'il y a un problème, je me dis toujours que c'est de ma faute. Dès que l'on me fait un petit reproche, je le vis très mal. Ça a toujours été comme ça.* »

Je vois là une ouverture pour aborder une question délicate que je n'ai pas voulu reprendre auparavant dans nos séances, mais qui me semble être un axe majeur dans sa problématique.

C. : « *Justement, cette question de la culpabilité dont tu m'as déjà parlé souvent. C'est comme si tu te mettais toujours tous les torts du monde sur le dos ? Et ce depuis l'enfance, non ?* »

N. : « *Oui, c'est ça.* »

C. : « *Eh bien moi, cela me fait penser à la manière dont tu as pu interpréter le départ de ton père, également. Parce que si l'adulte que tu es me dit aujourd'hui bien le vivre et le rationaliser, je m'interroge davantage sur l'enfant que tu as été. Et comment cette petite fille a pu interpréter cela, à l'époque ? Cette absence de père, cet abandon. Est-ce qu'il aurait été possible, comme beaucoup d'enfants dans des situations similaires, d'ailleurs, que quelque part, tu te sois remise en question ? Que tu t'en veuilles ?* »

N. : « *Que je m'en veuille du départ de mon père ? Non, je ne le pense pas. Je sais que ce n'est pas de ma faute. Pourquoi je penserais cela ?* »

C. : « *Tu sais, beaucoup d'enfants, de parents divorcés par exemple, peuvent culpabiliser au moment de la séparation parce qu'ils pensent, si jeunes, que si l'un des parents s'en va, c'est peut-être parce qu'ils ont fait "une bêtise". Et du coup, qu'ils sont punis. Enfant, on analyse les choses comme on peut. D'une façon souvent assez manichéenne : blanc ou noir. Bien ou mal. Et si la réponse à une question paraît trop angoissante, on peut simplement la cliver, c'est-à-dire tenter de la refouler. La mettre de côté, quoi. Mais parfois, on peut continuer à être porteur de ses fantasmes de l'enfance à l'âge adulte. Surtout si ces questions sont restées "sous le tapis".* »

Noa réfléchit intensément à mes analyses. Je la sens à présent très attentive et concernée.

Elle reprend d'un ton grave.

N. : « *C'est vrai que je n'ai jamais vraiment su pourquoi mon père nous a quittés.* »

C. : « *Tu n'as jamais demandé à ta mère ?* »

N. : « *Non... Ça m'a toujours fait peur.* »

C. : « *Et de quoi as-tu peur ? Quelle réponse t'effraie le plus ? Celle que vraiment tu ne voudrais pas entendre ?* »

Noa sourit et laisse échapper une larme.

N. : « *Ben... Que ce serait à cause de moi qu'il serait parti...* »

Elle balance alors sa tête de gauche à droite, mimant un « *n'importe quoi* »... Comme surprise et choquée d'entendre ces mots sortir de sa bouche.

N. : « *Mais c'est stupide... Je sais bien que ce n'est pas à cause de moi.* »

C. : « *Oui, je comprends. Mais tu vois, l'enfant que tu as été a pu par contre le penser et en faire une peur refoulée. Un tabou. Comme un fantasme de culpabilité insupportable. Peut-être qu'en parler aujourd'hui peut te faire du bien. Pour te sentir moins responsable, moins coupable. Et surtout, pour te sentir autonome dans ta vie et dans tes choix. Pour reprendre une position adulte, au fond, pas une position d'enfant qui tente à tout prix de satisfaire sa mère. »*

N. : « *Oui, je vois...* »

Puis, après une pause, elle ajoute, dans un rire :

N. : « *Cela ne va pas être facile, tout ça !* »

C. : « *Non, mais on a bien travaillé aujourd'hui, Noa. Je pense que l'on a vraiment avancé.* »

N. : « *Oui, je pense aussi.* » Redevenant sérieuse : « *J'ai l'impression d'avoir compris quelque chose qu'au fond, j'ai toujours su... Mais sans jamais le dire aussi clairement. C'est un poids en moins, en fait.* »

C. : « *Tant mieux, Noa. Tant mieux. Un poids en moins, ça peut aider à aller plus vite, tu verras !* »

Noa sourit de ce petit clin d'œil sportif.

N. : « *J'espère, Cédric. J'espère vraiment.* »

Je revis encore Noa pendant quelque mois. Si ces performances n'explosèrent pas réellement, en revanche, elle retrouva progressivement du plaisir dans sa pratique et arriva à un positionnement plus apaisant dans sa démarche sportive. Notamment en conceptualisant une distance émotionnelle protectrice d'avec sa mère.

▲ L'analyse

« *L'ambivalence* »

Un mot-clé que je suis souvent amené à définir pour les champions. La façon dont un même événement, une même pensée peuvent s'avérer à la fois une force et une faiblesse. Une source de motivation, de dépassement de soi et, en même temps, une souffrance, une limite, voire un blocage.

« Le conflit fonde l'essence même de l'existence d'une vie psychique en créant des liens, même s'il s'agit de liens d'opposition », écrit H. Sztulman[1].

Le sportif de haut niveau a besoin d'un moteur hors normes pour parvenir sans cesse à avancer. Il est dans une tentative continue de mouvement vers les sommets. Cette force mentale extraordinaire qui lui est souvent associée trouve logiquement sa source dans l'intimité du champion. Dans « l'exceptionnel psychique » lui permettant par la suite d'arriver à supporter, à encaisser les exigences du haut niveau, ainsi que le stress engendré par les compétitions. S'il arrive à l'exceptionnel sportif, c'est aussi, bien souvent, parce qu'il aura su sublimer des émotions profondes et complexes. Qu'il aura fait preuve d'une résilience importante, l'aidant à faire face aux échecs et déceptions incontournables de ce milieu et ce, année après année.

L'histoire de vie : l'essence dans un moteur d'exception

La vraie force des champions réside ainsi souvent dans leur histoire de vie, dans leurs parcours et dans leurs blessures de l'âme. Faut-il donc soigner le sportif ? Question pouvant paraître étrange, mais nous étant (nous, professionnels de la psychologie du sport) régulièrement posée par des encadrants du haut niveau, voire par des sportifs eux-mêmes.

1. Henri Sztulman est psychiatre, psychanalyste, professeur émérite de psychologie à l'université Toulouse 2.

Ne faut-il pas, au fond, être un peu « fou », déséquilibré, anormal pour faire du sport de haut niveau ? Et surtout, ne va-t-on pas perdre quelque chose de constitutif à la performance en apaisant la rage intérieure, même si celle-ci fait souffrir ? (comme on a pu l'aborder précédemment sur la question du fantasme de la perte). En réalité, la performance sportive s'appuie sur les mêmes fondements élémentaires que le psychisme. Il est question d'équilibre et non d'excès, afin de bien fonctionner.

Et si une souffrance a pu engendrer une force chez un individu, elle créera à terme, sans l'apaisement nécessaire, une limite insupportable à celui qui la véhicule et la maintient en vie.

Dans le cas de Noa, la peur de décevoir sa mère, comme celle de lui ressembler, illustre bien cette ambivalence et les mouvements violents de la psyché. Noa a pu se nourrir de cette peur et, quelque part, nager le plus vite possible afin de s'en éloigner. De façon symbolique, elle s'est éloignée, grâce au sport, de ce côté de la piscine où résident ses angoisses les plus primaires et les plus dissimulées à son conscient. Le Moi de la sportive ne saurait en effet tolérer le degré de culpabilité qui résulterait du fait d'infliger une telle déception à une mère, considérée comme « sacrifiée ». Donc, Noa doit nager vite. C'est une obligation.

Mais dans le même temps, nager vite l'amènera de l'autre côté du bassin, où pointent à l'horizon des peurs, d'autres peurs, celles de la jeune adulte qu'elle est. À savoir, le spectre angoissant de la répétition et de devenir une future « fille sacrifiée ». S'éloignant dans la pratique du haut niveau, se rapprochant d'une carrière professionnelle lui assurant un avenir plus serein financièrement et potentiellement plus épanouissant.

Le soulagement de la position adulte

Alors, nager, mais dans quelle direction ? S'arrêter, penser à elle-même, penser à sa mère ? Que faire ? Comment concilier ces deux idées contradictoires ?

Le compromis psychique devient la seule issue pour le (la) sportif (ive). « *Faire de ce qui me fait peur une source de motivation* » tout en se dégageant de l'enjeu psychanalytique inconscient. Se repositionner en adulte et non en enfant « tout-puissant » qui aurait entre ses mains la vie ou la mort de ses parents :

— Non : ta mère ne va pas « mourir de tristesse » si tu ne nages pas assez vite… Ni même en arrêtant ta carrière.

— Mais oui : tu pourras lui procurer de la joie (et non la rendre heureuse, nuance essentielle, car cela n'est pas en ton pouvoir) en réussissant ton parcours sportif.

Une position claire et déculpabilisante à travailler et qui passera par une prise de conscience de la problématique intime, des enjeux psychanalytiques.

Un travail d'introspection pas toujours évident à mettre en place pour le sportif, mais qui lui sera nécessaire afin de se protéger. Se protéger en préservant le « beau » qui l'a attirée en premier lieu dans le sport. Ce qui reste de précieux dans sa pratique du haut niveau : le dépassement de soi, la compétition au sens pur et noble du terme.

Ce travail sur soi peut permettre au champion de se confronter plus posément à sa peur de l'échec, en la resituant dans un cadre purement sportif et non trop sous l'emprise d'une symbolique forte et angoissante. Le sportif, débarrassé de cet encombrant poids psychique, pourra ainsi se concentrer principalement sur ce qui lui fait envie, l'excite et le motive, au lieu d'être pétrifié, paralysé ou limité dans son expression par des enjeux inconscients. Faire de l'enjeu psychanalytique son allié et non son ennemi. Et d'un puissant allié il s'agira.

3.3 Soigner un sportif : le temps nous est compté !

▲ L'histoire

« Chez nous, les sportifs, la patience, ce n'est pas trop notre truc, hein ! Moi, je veux du résultat tout de suite ! »
Luke, 24 ans, rugbyman professionnel

Luke souffre de problématiques anxieuses sévères, se manifestant notamment par des crises d'angoisse aiguës, une anxiété généralisée (avec des pics en fonction des aléas de sa vie personnelle et de ses performances), ainsi que des troubles du sommeil importants (difficultés d'endormissement, réveils nocturnes, cauchemars).

Une accumulation de symptômes le maintiennent dans un état dépressif ayant atteint son apogée suite à une défaite sportive de son club (dont il s'est senti responsable) il y a près de trois mois. Il vient me consulter depuis un mois au rythme d'une séance par semaine.

Ses troubles psychiques existent, eux, depuis l'enfance. Il est quasiment impossible, pour le moment en tout cas, d'en déterminer l'origine exacte. Tout comme le rôle et l'influence qu'ont pu avoir le sport et son environnement ultra-anxiogène dans sa vie, par la suite.

Le haut niveau a-t-il eu pour effet de renforcer sa problématique ? A-t-il accru son angoisse déjà présente ou au contraire, cette expression du corps et ce cadre lui ont-ils offert un nécessaire exutoire ? Les choses sont confuses, sûrement parce que celles-ci se mélangent. Le rôle du sport dans l'équilibre psychique d'un individu est de fait rarement manichéen. Il est bien souvent paradoxal et contradictoire. Tout à la fois et chez une même personne bienfaisant, soulageant et structurant. Et tout à la fois angoissant, pressurisant et à tendance obsessionnelle.

C'est bien sur ces aspects contradictoires que nous avons commencé de réfléchir avec Luke.

Des notions pas toujours faciles à appréhender, surtout quand la fatigue, le stress et la colère vous habitent quotidiennement. Néanmoins, nous avançons de séance en séance. Pas à pas.

Je le salue du regard alors qu'il se tient isolé au fond de la salle d'attente. Son casque de musique vissé sur les oreilles et sa capuche de survêtement sur la tête (sûrement de peur que quelqu'un ne le reconnaisse). Il s'installe dans mon bureau tout en coupant le son de son téléphone afin que nous ne soyons pas dérangés.

Cédric : « *Bonjour, Luke. Comment allez-vous ? Belle victoire ce week-end, n'est-ce pas ?* » (NDA : son club venait de gagner une rencontre importante.)

Luke : « *Oui, belle victoire. Mais bon, moi, je n'étais pas terrible. Je continue à être crispé. J'ai peur de me lâcher, de faire des erreurs, de perdre un ballon et de pénaliser l'équipe.* »

C. : « *Ça reste le traumatisme du match d'il y a trois mois, vous pensez ?* » (NDA : durant ce fameux match, Luke fit une erreur de main coupable, entraînant un essai et la victoire sur le fil de l'adversaire. Il n'a de cesse depuis de s'en vouloir et de porter le poids de cette défaite sur ses épaules.)

L. : « *Oui, sûrement. En tout cas, j'y pense souvent. À chaque fois que j'entre sur le terrain. J'en fais même des cauchemars, de cette putain d'action.* »

C. : « *Nous en avons déjà parlé, Luke. À un moment, pour avancer, il va falloir vous pardonner. Vos coéquipiers l'ont fait déjà depuis longtemps.* »

Luke soupire et se prend la tête dans les mains. L'émotion est palpable sur son visage marqué par la fatigue.

L. : « *Je sais… Je sais… Mais vous avez beau me l'expliquer… On a beau en parler… Je comprends, mais au fond de moi, cela ne change rien… Je continue à stresser à chaque match. Je n'arrive pas à oublier. Et les gros matchs arrivent et je ne me sens pas prêt… Je ne suis même plus sûr d'être sélectionné pour le prochain match, vu comment je joue.* »

Le temps. Il nous faut du temps, je le sais. Mais cela, je ne peux lui dire. Car le temps, il ne l'a pas. Les matchs couperets sont dans un mois et ils auront une importance majeure dans sa carrière. Et rien d'autre n'a réellement d'importance à ses yeux pour le moment. Sa réalité, c'est celle-ci. C'est la seule qui existe et qui compte. Pas celle de son psychisme.

Luke poursuit.

L. : « *Franchement, cela m'aide de venir. C'est vrai et je ne l'aurais pas cru. En sortant, je me sens mieux, soulagé. Mais juste quelques heures. Cela ne dure pas. Je n'arrive toujours pas à dormir, à prendre du plaisir sur le terrain. Ça ne bouge pas, quoi !* » (Il m'apparaît en colère sur cette dernière phrase.)

C. : « *Ce n'est pas tout à fait vrai à mon sens, Luke, mais je comprends votre frustration. Cela dit, il vous faut garder en mémoire que vous souffrez de ces soucis depuis des années et que nous les travaillons depuis... combien de temps, dites-moi ?* »

L. : « *Hmm... Trois semaines ?* »

Il sourit et reprend.

L. : « *Oui, je sais, ça fait peu...* »

C. : « *Cela fait très peu, Luke. Depuis l'enfance, vous avez de gros problèmes de stress, d'angoisse. Qui vous pèsent beaucoup. Et vous avez pris sur vous. Loin de moi l'idée de vous reprocher le fait de ne pas être venu plus tôt, car je sais à quel point la démarche est difficile, néanmoins, il faut que vous gardiez à l'esprit que le psychisme ne se change pas en quelques séances. Ce sont des habitudes ancrées en vous. Liées à la répétition sur plusieurs années. Vous avez l'habitude de réagir aux événements par le stress et souvent par de la dévalorisation. D'angoisser face à un challenge plutôt que de le voir comme une opportunité. On commence à faire évoluer cela en vous, mais les habitudes ont la peau dure, vous savez... C'est comme au niveau technique, quelque part, si je peux me permettre de faire une analogie sportive. Si on vous a appris à faire une passe avec le bras mal placé, trop haut par exemple* (NDA : je mime une passe avec un coude au niveau de mon front) *pendant quinze ans, ce n'est pas en quelques entraînements que vous allez réussir à corriger cela ! Votre corps et votre esprit auront assimilé ce geste incorrect. Cela sera devenu un automatisme, de l'ordre du réflexe inconscient. Nous travaillons pour changer ces réflexes. Il faut donc nous donner un peu de temps, mais cela progresse. Vous progressez très vite, même.* »

L. : « *Ah bon, vous trouvez ?* » me lance-t-il, surpris.

Je décide alors d'illustrer plus concrètement ma réflexion. Les sportifs aiment souvent, par expérience, avoir des éléments précis et « visualisables » auxquels se raccrocher. L'analyse purement théorique peut parfois s'avérer frustrante pour eux et il est bon de revenir à des éléments de leur quotidien qu'ils peuvent pleinement investir et ainsi relativiser. On pourrait parler d'exercices ou de mises en situation pratiques, qui feraient écho à leurs habitudes d'entraînement, où une notion de clarté s'avère essentielle pour eux.

C. : « *Par exemple, prenez-vous plus de plaisir à l'entraînement ?* »

L. : « *Oui, cela revient doucement...* »

C. : « *Est-ce que vous arrivez à mieux maîtriser vos angoisses, à diminuer votre irritabilité au quotidien ?* »

L. : « *Oui, ça va un peu mieux... Je trouve des petites stratégies pour me calmer.* »

C. : « *Eh bien, vous voyez, c'est déjà énorme, cela, en seulement quelques séances. On va dans le bon sens. Mais il faut gérer votre impatience. Votre frustration.* »

L. (rieur) : « *Oui, mais vous savez, nous, les sportifs, la patience, ce n'est pas trop notre truc, hein ! Moi, je veux du résultat tout de suite !* »

C. : « *Oui, ça, j'ai cru comprendre* », dis-je, complice.

L. : « *Moi, je vois que l'échéance arrive... Y'a pas quelque chose que je peux faire, je ne sais pas... Pour juste régler ça ? Pour ne plus y penser ?* »

C. : « *Franchement, Luke, cela va être compliqué. Votre inconscient et sa capacité à s'apaiser, c'est quelque chose qui vous prendra du temps. Il ne s'agit pas seulement de comprendre. Il faut aussi arriver à digérer toutes ces informations. Vous savez, tout ce que vous m'avez dit, tout ce dont vous m'avez parlé* (NDA : je fais ici référence à ses confidences sur son enfance difficile), *c'est un peu lourd, c'est assez compliqué, tout cela. Qui plus est, vous n'en avez jamais parlé à personne avant, il me semble ?* »

L. : « *Non, jamais.* »

C. : « *Bon, vous voyez... Ce n'est pas rien. Ce n'est pas anodin. C'est déjà une énorme étape. Un énorme progrès. Je sais que le match est bientôt, mais on ne peut pas aller plus vite que la musique, comme on dit. La psychothérapie a sa propre temporalité. C'est comme cela. Mais ne vous inquiétez pas excessivement non plus. Il y a beaucoup d'appréhension dans tout cela également. Vous vous entraînez bien. Vous allez globalement mieux. Vous êtes un joueur de top niveau. Concrètement, vous n'avez pas oublié comment jouer, comment être bon. C'est en vous et cela ne demande qu'à sortir. Qu'à s'exprimer. Je suis sûr que vous serez capable de ressortir tout cela le moment venu.* »

Luke soupire à nouveau et conclut.

L. : « *J'espère... Je l'espère vraiment.* »

▲ L'analyse

Pour toute personne, un temps de psychothérapie est unique. Il est déconnecté d'une certaine réalité et contient sa propre temporalité, en lien avec son psychisme. On ne compte pas en jours, en mois, en années ou en nombre de séances, mais en termes d'évolution sur les sujets abordés, clarifiés. Sur les résistances évoquées et apaisées, etc.

Le besoin de ressentir une évolution concrète

S'il s'agit d'une généralité pour tout un chacun, cet aspect revêt un caractère particulier dès lors que l'on travaille avec un SHN. D'une part, le sportif s'inscrit dans un rapport au temps très déterminé et précis. On parle dans son environnement d'échéances sportives qui vont lui servir de repères dans le temps.

Dans six mois, une sélection, dans un an, les championnats de France, dans deux ans, « les monde », dans quatre ans, les JO. Et entre ces événements, tout un tas de micro-échéances pour lesquelles il faudra être prêt. La pression est constante. L'horloge ne s'arrête pas et le sentiment d'urgence est quasi permanent. « *Se relâcher, c'est mourir…* » penseront-ils, en tout cas.

D'autre part, le sportif, de par son travail quotidien sur la performance, manifestera régulièrement en psychothérapie le besoin urgent d'un sentiment d'évolution concrète. Comme on l'entend dans l'histoire de Luke, il est ainsi souvent nécessaire de reprendre avec lui l'évolution récente dont il a pu faire preuve au niveau symptomatique. Comme si par A + B, on expliquait à un sprinteur, chronos à l'appui, que oui, sa progression est lente, en centièmes de seconde, certes, mais réelle. Il s'agira d'une nécessité pour le sportif afin de pouvoir pleinement s'approprier ce travail sur lui-même et d'en ressentir l'apport. Car ces échanges, bien qu'intéressants, pourront souvent lui apparaître flous, voire futiles.

En résumé, pour un SHN, le temps passe trop vite. Toujours. Il en manque en permanence et passe le plus clair de sa carrière à courir après.

Là où il est simplement conseillé au commun des mortels de profiter de sa jeunesse, le champion a, lui, l'obligation de le faire. Il doit exploiter un laps de temps prédéfini et cruellement limité. Cinq ans pour certains sports, dix ou douze ans, tout au plus, pour d'autres.

Des problématiques anxieuses, se manifestant chez certains individus par un stress permanent et l'incapacité à « se relâcher » et s'inscrivant donc dans un rapport au temps oppressant, peuvent fréquemment s'interpréter en psychanalyse comme une « angoisse de mort »[1]. « *Le temps file, mon Dieu… Et bientôt, je ne serai plus.* » Je m'éloigne donc d'un rapport au plaisir dans ma vie, car l'idée de ma propre mort est bien trop angoissante. Je ne profite plus et au contraire, je m'angoisse de ne pas faire assez, de ne jamais être assez productif, de ne jamais aller assez vite… (Des problématiques évidemment très fréquentes également dans le monde de l'entreprise.)

Profiter du temps ou lutter contre ?

Si cette notion, bien sûr, peut s'appliquer aux SHN comme à tout individu, elle prend une forme sensiblement distincte chez eux, **« l'angoisse de mort de l'identité sportive »**. Une anticipation permanente de la mort de mon existence en tant que sportif, qui se traduit par un discours inconscient terrifiant : « *Bientôt, je ne serai plus sportif, champion, je serai juste normal… Humain… Commun… Banal. Mon Moi sportif va disparaître, s'éteindre. Et qu'en restera-t-il ? Quelle trace aurai-je laissée pour toutes ces années d'efforts et de sacrifices ?* »

L'heure du bilan aura bientôt sonné et au moment de rendre les armes, trop souvent pour le champion, seuls resteront les médailles et les titres.

Cette fin est bien plus précisément programmée dans leurs esprits que celle de leur existence de non-sportif. « *Il me reste tel nombre d'années… Un an, trois ans… À vivre au plus haut niveau.* »

1. Dans sa deuxième théorisation de l'angoisse, Freud décrit l'angoisse de mort en tant que désinvestissement libidinal du Moi. Face à un danger qu'il ne se sent pas capable d'affronter, le Moi renonce, abandonne.

Chaque mois, chaque semaine perdus s'avèrent immédiatement beaucoup plus oppressants si la date de fin de mon existence est clairement identifiée. Un peu comme si au patient souffrant, le médecin indiquait qu'il ne lui restait plus que quelques semaines à vivre...

Comment profiter de ce temps ? Dans ces circonstances, c'est évidemment loin d'être une tâche aisée.

Qui plus est, l'environnement n'aura de cesse de rappeler aux champions ce rapport au temps éphémère : « *Il ne faut pas perdre de temps, rater les occasions qui ne se représenteront pas si souvent. Il faut saisir la chance là où elle est, lorsqu'elle se présente ! La carrière, ça passe vite, tu sais ! Tu n'es plus tout jeune : tu as déjà 22 ans !* »

Encore une fois, le message ne s'apparentera pas si souvent à « *profite au mieux de ta carrière* » qu'à un « *exploite-la et ne traîne pas en chemin, car bien vite, tout cela sera fini !* »

L'environnement du sportif n'est pas nécessairement à blâmer pour autant, car c'est bien son travail, sa fonction de lui rappeler cet impitoyable rapport au temps. Si cet environnement lui renvoie une réalité oppressante, ce n'est pas pour autant lui qui la crée. L'environnement aussi la subit. Dirigeants et entraîneurs subissent, de fait, la même pression et ne font que la répercuter aux sportifs. Cet effet dominos, c'est la structure du haut niveau. Tout le monde est pris dans ces enjeux temporels, car la compétition n'attend pas. La date de la compétition est fixée et ne changera pour personne.

Le temps est donc l'ennemi du sportif et, à ce titre (comme nous le développerons dans la partie II, 4), la blessure s'apparente à une mort momentanée. Une rupture relativement insupportable dans cette construction temporelle, pour le sportif.

Être sportif, c'est être dans une course permanente contre ce temps. Et pourtant, le plaisir, le relâchement, le lâcher-prise et la distanciation mentale d'avec cette notion temporelle seront absolument nécessaires à la performance. Une équation psychique bien difficile à résoudre, en somme, pour nos champions.

4

La performance et le bien-être : quels liens ?

4.1 Un clivage impossible ?

Dans cette première partie du livre, nous aurons largement abordé les liens étroits existant entre bien-être et performance. On a ainsi pu illustrer la manière dont ces deux aspects s'influencent mutuellement et à quel point il est difficile de les dissocier de manière définitive.

Corps et esprit sont liés de la même façon qu'équilibre personnel et performance sportive. Cela semble tomber sous le sens : le sportif moins performant sera affecté sur un plan personnel (voire parfois à s'en rendre « malade ») et le sportif en souffrance, pour des raisons extra-sportives, en paiera très fréquemment les conséquences au moment de la compétition ou simplement dans sa capacité à conserver l'énergie psychique nécessaire à sa pratique du haut niveau.

Une volonté de catégoriser

Pour autant, cette séparation étroite de ces domaines (même si, bien sûr, des nuances existent entre « soin » et « aide à la performance ») est très accentuée dans le sport de haut niveau. Il est aisé de saisir que pour le sportif, il est plus agréable d'annoncer à son entourage (comme pour le fait de se le présenter à soi-même) travailler sur son mental plutôt que sur son mal-être.

Travailler sur son mal-être, c'est soulever pour soi-même et/ou pour son entourage la question de ses capacités réelles à supporter les contraintes du haut niveau. À l'inverse, le terme de préparation mentale bénéficie, lui, d'une « aura » bien plus positive et très en vogue. Il s'agit de renforcer, de développer et non de soigner. De s'améliorer plutôt que de se plaindre, pour reprendre une vision caricaturale.

L'environnement du sportif (entraîneurs, dirigeants, cadres techniques) reprend lui aussi fréquemment cette vision. Il sera plus simple en effet, dans la représentation collective, de séparer les sportifs « relevant du soin » de ceux « relevant de la préparation mentale », même si dans les faits, cette catégorisation des extrêmes revient à oublier qu'une grande majorité de sportifs de haut niveau s'inscrivent dans un entre-deux et dans des variances morales incessantes.

Les sportifs, comme tout un chacun au fond, en fonction de son parcours de vie, passeront d'une « catégorie » à une autre, au gré de leurs résultats sportifs et de leurs événements de vie. **Dans une majorité de situations, bien-être et problématique de performance ne forment qu'une seule et même catégorie,** rendant ainsi l'idée d'une classification de ce type inadaptée à leur réalité psychique.

L'utilité de la souffrance en question

À cette idée de connotation positive de la préparation mentale, s'inscrivant symboliquement dans le « mieux performer du sportif », opposée à la connotation bien plus négative du suivi psychologique, s'inscrivant pour sa part dans l'idée du « sportif en difficulté », s'ajoute une autre notion dans l'idée du travail sur soi : celle du **fantasme de la perte**.

Comme on l'a évoqué précédemment, le sportif et son entourage peuvent s'inquiéter en cas d'un suivi personnel (non centré sur la perf', donc) et des recherches introspectives dans l'enfance et/ou la petite enfance, ou encore de l'évocation de traumas passés, d'une perte de ce qui serait constitutif de sa détermination (cf. partie sur « les enjeux psychanalytiques »).

Autrement dit, *« si l'on touche à ce qui a créé, engendré ma douleur et en conséquence ma rage de vaincre, si l'on me soigne, serai-je toujours aussi combatif ? Ma souffrance ne me serait-elle pas utile, voire nécessaire, indispensable même à ma réussite sportive ?… »*.

Une réflexion loin d'être absurde, en effet, mais oui, on peut soigner, apaiser des éléments douloureux de son passé, sans pour autant perdre son esprit compétitif. On pratiquera son sport différemment. Plus sereinement. Et surtout, en établissant un rapport moins violent à soi… Voilà tout.

La psychologie clinique du sport, en tant que discipline, va s'intéresser au sujet sportif. À son histoire singulière, à son parcours, à ce qui est constitutif de sa personnalité, en le considérant comme un tout. C'est cet ensemble psychique unique, qui lui est propre, qui l'aura amené à un haut niveau de performance. Le début de son travail dans l'intime (davantage que la cause en soi, une phase de mal-être ou de contre-performance) est interprété par le praticien comme l'opportunité du commencement d'un travail sur soi.

Mon approche avec les sportifs consiste à considérer que les ressources sont là, déjà présentes. Je ne pense jamais devoir changer ou « métamorphoser » un sportif. Mon travail vise avant tout à l'établissement d'un équilibre personnel, afin que les capacités propres de l'athlète s'expriment au mieux. **Le champion est déjà champion** et il ne deviendra pas « fort » mentalement grâce à la préparation mentale.

Un corps performant dans un esprit apaisé

Le sportif de haut niveau sait déjà. Il sait déjà comment gagner, comment se concentrer, comment se motiver, et comment gérer ses émotions. Un parcours de vie en lien avec le sport ou non aura en revanche parfois meurtri, endommagé ses capacités. Le doute aura pu s'immiscer. La mécanique de confiance aura pu être enrayée.

Si certains outils ou certaines pratiques de la préparation mentale peuvent bien sûr aider le sportif à retrouver de la confiance en ses capacités, il est bien souvent incontournable pour l'athlète d'ouvrir la porte à la connaissance de soi, à un travail sur son intime (tout aussi effrayant qu'il soit) afin de viser le plus haut niveau de son expression sportive.

Car le haut niveau est fondamentalement un révélateur de soi. Les exigences du quotidien, le rapport à l'extrême du corps, le stress de la compétition, la pression du résultat nécessitent un réel équilibre de vie et une forte capacité de prise de plaisir dans la performance, afin d'exploiter au mieux le potentiel du sportif. Conserver cet équilibre ne sera pas simple. Ce sera même l'une des gageures majeures de sa vie de sportif. Beaucoup d'arrêts de carrière traduisent d'ailleurs cet épuisement psychologique (cf. partie III).

Performance et bien-être peuvent donc être dissociés, mais non être considérés séparément. Le sportif aura besoin d'un équilibre personnel, relevant souvent d'une certaine complexité, afin d'atteindre et/

ou de conserver un haut niveau de performance. La performance sportive, quant à elle, usera, attaquera la résistance morale des athlètes, venant tester chez eux la réalité de la qualité de leur rapport à eux-mêmes.

La performance, même répétée dans le temps, ne garantit pas le bien-être et le bien-être ne garantit pas la performance. Ces deux aspects sont néanmoins indissociables dans la mesure où ils auront des répercussions directes l'un sur l'autre.

Bien plus que le fait d'entretenir l'obsession de développer ses « capacités mentales », reprenant ainsi la thématique de l'entraînement, la vraie force du sportif reposera le plus souvent sur sa capacité à s'apaiser face aux turbulences de sa vie sportive et personnelle.

Si pour chacun d'entre nous, ces turbulences sont fréquentes, la vie du sportif de haut niveau, comme on l'a vu, est constituée avant tout de ces montagnes russes émotionnelles. Et c'est peut-être justement bien pour cela qu'il a choisi cette voie. On ne s'y ennuie en effet que rarement...

4.2 Les bienfaits du développement des capacités introspectives

Au sens premier du terme, « introspection » signifie « *regarder à l'intérieur* » ; c'est l'observation de soi-même.

Le regard du sportif est rarement tourné vers lui-même. Il regarde devant lui en permanence. Au loin. Dans sa construction temporelle, le regard du champion est majoritairement tourné vers l'extérieur et sa réflexion centrée sur « comment maîtriser » tel événement ou telle tâche : le prochain entraînement, la prochaine compétition, la prochaine sélection, etc. À cela s'ajoute fréquemment l'anticipation nécessaire, induite par leurs études et les examens futurs. Le sportif passe donc énormément de temps à anticiper. Le haut niveau, c'est d'ailleurs, sans cesse, anticiper. S'arrêter pour réfléchir, pour analyser peut être ainsi considéré pour certains comme du temps perdu.

Prendre le temps de préserver le sens

Pour autant, j'ai remarqué au fil des années de consultation que les sportifs, une fois la barrière de l'inconnu franchie, prennent beaucoup de plaisir à se lancer dans ce travail sur eux. Au fond, cet apprentissage des mécanismes de leur inconscient vient également s'inscrire rapidement comme un outil de maîtrise efficace. Je suis d'ailleurs parfois stupéfait de la vitesse à laquelle ils parviennent à saisir les mécanismes psychiques opérant chez eux. Il n'est pas rare qu'un sportif passe en quelques semaines d'une ignorance quasi totale sur ce qu'est la psychologie à une compréhension fine et précise de son propre psychisme.

Le travail introspectif et le développement de ces capacités d'autoanalyse rendent à terme le sportif plus autonome. Il l'aide à mieux se comprendre, à s'appréhender plus en finesse. À mieux saisir et interpréter ses réactions et celles de son entourage. Le temps d'entretien chez le psy va donc l'amener à changer la direction de son regard. On ne se projette plus uniquement sur l'échéance suivante et sur le « comment maîtriser l'événement ». On marque une rupture dans le temps et dans ce processus. On s'arrête pour analyser, débriefer et tenter de comprendre le pourquoi de nos réactions.

Appréhender le « pourquoi » de nos actions nécessite du temps et, comme on l'a évoqué précédemment, le sportif en a peu. Mais le développement du travail introspectif change cette dynamique. Il induit une nouvelle habitude dans son cycle, celui de l'analyse, sans être dans une urgence et une immédiateté de résolution.

Par exemple, un sportif souffrant d'un stress excessif et non contrôlé en compétition pourra souhaiter une solution pratique et concrète, un remède rapide, sans nécessairement passer par un temps d'analyse. Et c'est souvent après une multitude de tentatives pour résoudre ou passer outre le problème qu'il se résout (parfois en désespoir de cause) à se tourner vers l'analyse. Vers le pourquoi.

On l'a vu, essayer de comprendre n'est pas toujours aisé et reposant. Tout travail sur soi peut, c'est vrai, soulever et/ou raviver des souvenirs sensibles, douloureux. Mais il nous est difficile de s'épargner ce travail psychique si l'on souhaite comprendre en profondeur les blocages et les résistances à l'œuvre dans notre inconscient.

La compétition de haut niveau est impitoyable. Elle n'épargnera pas le sportif. Elle l'éprouvera mentalement constamment et exigera du champion qu'il repousse sans cesse ses limites. Et au final, le sportif est seul. Seul face à lui-même, qu'il soit sur la piste, le tatami ou le terrain. C'est seul qu'il devra procéder à sa gestion émotionnelle. Et là, la réalité de son travail sur lui ressortira.

La qualité de son positionnement dépend de ses interrogations profondes, auparavant enfouies quelque part dans sa psyché : « *Pourquoi fais-je ce sport ? Pourquoi est-ce que je veux gagner et qu'est-ce que j'en attends vraiment ? Comment est-ce que je veux vivre ma pratique sportive ? Quelle place réelle au plaisir ? Quel droit à l'erreur ? Qui peut être déçu autour de moi en cas d'échec et suis-je réellement en paix avec cela ?, etc.* »

Faire de la connaissance de soi une arme mentale

Il s'agit en effet pour le sportif de s'armer face aux épreuves qui l'attendent. Et au vu de la difficulté de ces épreuves, ce travail de connaissance de soi paraît même indispensable. J'aime la métaphore qui consiste à dire qu'un sportif qui se rend à une compétition sans avoir un positionnement clair par rapport à celle-ci, par rapport à ses attentes et ses craintes, revient à un soldat se rendant à la guerre sans son fusil. Désarmé. Les mains dans les poches.

On n'échappe pas à son inconscient. Inutile donc de courir ou de tenter de ne pas l'entendre pour lui échapper. Il nous rattrapera toujours. Il faut communiquer avec lui. L'entendre et, souvent, le rassurer. Apprendre à nous rassurer nous-mêmes, donc. L'échange avec le psy s'apparente avant tout à une communication avec soi. Le psy se veut miroir renvoyant le sportif à ses propres doutes, angoisses et à son questionnement et, ainsi, lui permettre d'y réfléchir et de se positionner sur des problématiques de sa vie. Il ne s'agit pas pour le psy de lui donner les réponses toutes faites, mais bien de le guider dans son travail de réflexion. De l'aider à faire ses propres choix. Car la prise de position vaut pour réponse dans le travail psychique.

La connaissance de soi pour être autonome

Ni le psy ni le sportif ne détiennent la vérité et aucun des deux n'aura une totale certitude sur le meilleur choix à faire. Mais la prise de décision, la réflexion sur un sujet, suivie par un positionnement clair et assumé, constituent une démarche apaisante et renforcent un processus de confiance. La confiance ce n'est pas de dire : « *J'y vais et je vais gagner.* » Cela, c'est du bluff, de l'arrogance ou la méthode Coué. La confiance, c'est pouvoir se dire : « *J'y vais. Je sais pourquoi. Je sais ce que je veux faire. Et je n'ai pas peur.* » Le travail introspectif permet donc au sportif de réfléchir, d'analyser, puis de faire ses choix. De façon assumée, confiante et autonome.

Le jour où le guide qu'est le psy ne sera plus utile au sportif, ce dernier cessera d'aller le consulter. Tout simplement. Et c'est ce qui, au final, reste l'objectif. Le sportif doit avant tout savoir se gérer seul, car il est – et restera – seul décisionnaire sur le terrain et à devoir pleinement assumer ses choix. Qu'il s'agisse de thérapie ou de performance, le travail devrait toujours au final viser à l'autonomie du sujet. Le travail introspectif vise donc à favoriser la résolution des conflits internes et le développement d'une autre notion essentielle : l'équilibre.

4.3 La notion d'équilibre *vs* la notion d'excès

Le sport de haut niveau est un lieu d'excès. Et c'est souvent dans cette logique que le sportif s'est construit. Qu'il est devenu apprenti champion. Ce trop-plein d'envie, d'énergie l'a justement souvent aidé dans ses jeunes années à franchir de nombreuses étapes.

Le sport de haut niveau n'est pas un lieu de normalité. Il est un lieu d'excès et de passion. Aimer faire du sport est une chose. J'ai toujours personnellement adoré pratiquer une activité sportive. Mais je suis particulièrement bien placé pour savoir que j'aurais été incapable de faire du haut niveau. L'investissement requis pour atteindre, maintenir et repousser sans cesse son niveau de performance se doit d'être total. Et une telle capacité d'investissement, de rapport à l'extrême n'est pas, à mon avis, dans les gènes de tout le monde.

Une construction dans l'excès qui va saturer

Qui plus est, l'environnement sportif ira souvent dans le sens d'une valorisation de cette notion d'excès : « *Il faut sans cesse en faire plus ; il ne faut pas s'écouter et repousser la douleur ; ne jamais être satisfait de soi...* » Tels sont des exemples de phrases que l'adolescent champion a pu entendre tout au long de sa jeunesse. Je ne blâme pas nécessairement ceux prononçant de tels propos, car cette dureté, ce rapport quelque peu violent avec soi, est (quasi) indispensable pour atteindre le haut niveau.

Ne nous mentons pas : le sport de haut niveau, c'est avant tout une capacité à s'adapter à une forme de souffrance et un goût pour la difficulté. Tout en conservant du plaisir, si possible – et c'est bien là que repose le challenge le plus ardu. Même pour les plus talentueux, ce rapport « exigence extrême-capacité à conserver du plaisir » devra nécessairement être travaillé et la notion de résilience face à la souffrance physique et mentale, particulièrement développée.

Hors normes, donc.

Dans ce processus si particulier, afin de repousser ses limites, le sportif se sera régulièrement inscrit dans un rapport extrême avec lui-même. Dureté envers lui-même et autocritique ont été son pain quotidien. Après une défaite et dans l'objectif de se remobiliser, il a pu établir comme stratégie le fait de s'agresser ou de s'insulter (voir certains cas cliniques précédents). Il utilise cette technique afin de se faire réagir, d'exiger davantage de lui-même. Une nuance importante fera néanmoins par la suite son apparition au fil du temps. Si dans les premières années de sa pratique sportive, ce processus a pu avoir une certaine efficacité, c'est surtout et parce que les marges de progression sont encore très importantes. De ce fait, « *on se met un bon coup de pied au derrière et ça repart* ». Mais arrivé dans un milieu d'élite, ultra-concurrentiel, les progrès seront de plus en plus difficiles et cette stratégie ne sera plus opérationnelle. Le psychisme saturera face à cette violence et envers un Moi maltraité. Il ne répondra plus.

La recherche d'équilibre comme nouveau cap à franchir vers la performance

Il faudra donc pour le sportif opérer un mouvement paradoxal et à contre-courant de ce qu'il a connu. Un mouvement qui passera par l'analyse et l'objectivité relatives à la qualité de son entraînement et de ses performances. Se détacher de ses habitudes de violence envers soi-même ne sera pas aussi facile que cela peut paraître, car encore une fois, le sportif aura identifié cette méthode comme efficace jusque-là. Et comme le veut l'adage : « *On ne change pas une équipe qui gagne.* »

À l'image du « geste juste » sur le terrain, le sportif de haut niveau va donc devoir désormais (s'il ne l'a pas déjà fait dans ses jeunes années) aborder sa pratique à travers la notion d'équilibre.

Le « geste juste » du sportif se définit comme un parfait équilibre entre intensité et relâchement. Le champion devra de la même façon apprendre à opérer la même alchimie en ce qui concerne son esprit. Sortir d'une vision caricaturale de son approche et/ou son analyse et viser un état d'esprit apaisé, confiant et en adéquation avec son ressenti profond. En somme, il ne pourra pas tricher avec lui-même.

C'est cet équilibre de son état d'esprit à l'approche de la compétition qui sera son outil majeur afin de maintenir le plaisir. Et c'est cette même notion de Plaisir qui, principalement, lui permettra de conserver un certain niveau de relâchement dans le geste sportif.

J'en profite pour apporter une précision sur cette fameuse notion de Plaisir. Le Plaisir dont on parle ici ne consiste pas à se dire « *je vais m'amuser* », mais « *je vais prendre du plaisir à* ». Du plaisir à « *être confiant, à jouer mon jeu, à me libérer, à être là aujourd'hui et à profiter du moment présent* ». En ce sens, cette notion de Plaisir n'est pas à opposer à la notion de confiance. Il s'agit avant tout de viser un épanouissement dans la pratique. Cet épanouissement peut se résumer ainsi : « *Ce que je fais contribue à me rendre heureux et je trouve du sens à le faire.* »

Il est intéressant, par ailleurs, de noter la complexité du processus par lequel on doit parfois passer, afin d'arriver à se dire en toute sincérité une phrase d'une si totale simplicité. Mais dans le sport de compétition, ne dit-on pas souvent que « *la simplicité, c'est l'efficacité* » ?...

4.4 Estime de soi, regard extérieur et réseaux sociaux

Si la confiance en soi, évoquée précédemment, renvoie à la capacité d'un sportif à se projeter dans sa réussite dans un domaine spécifique (son sport, par exemple) ou encore plus précisément (réussir des tirs à trois points, marquer des penaltys, etc.), il est essentiel de la différencier de l'estime de soi.

L'estime de soi correspond à la perception globale que l'athlète a de lui-même en tant qu'individu, indépendamment de ses réussites ou échecs, y compris ses performances sportives.

Un risque important existe pour les sportifs lorsque la distinction entre « confiance en soi » et « estime de soi » n'est pas claire. Ce que j'aime appeler un « glissement sémantique », une déviation dans le sens profond d'un mot. Ce glissement pousse le sportif à s'identifier excessivement à ses performances sportives sur le plan identitaire.

S'il est important de se construire un Moi idéal (voir précédemment) afin de porter son projet sportif, il reste essentiel de faire la distinction entre « *qui je suis en tant que personne* » et « *comment je performe* ». Ce glissement sémantique conduit alors le sportif à ne plus se percevoir qu'à travers le prisme de la performance, en associant (souvent à tort) l'idée que son entourage, proche ou éloigné, ne le valorise qu'au travers de ses réussites sportives et qu'il pourrait perdre leur considération en cas d'échec ou de contre-performance.

Estime de soi et épanouissement personnel

Il est naturel pour un sportif de s'identifier à ses performances. Pourtant, il est essentiel qu'il distingue ce qu'il montre (sa performance) de ce qu'il est en tant que personne. Cette prise de conscience est une protection psychologique.

Comme je l'explique souvent aux sportifs : « le réel vous protège ». À l'inverse, le fantasme peut vite devenir angoissant.

Le fantasme d'une performance idéale

La très haute performance est un moment, une rencontre entre une opportunité créée par le travail, la persévérance et la résilience, et des facteurs extérieurs (titularisation, scénario du match, échec d'un concurrent, etc.). Ce moment d'exception, que les plus grands champions répètent plus souvent que d'autres grâce à de nombreux paramètres, n'est pas la norme.

Le sport et la performance, par définition, sont variables. Le sportif tente, autant qu'il le peut, d'augmenter, de répéter et de maîtriser sa performance, mais elle lui échappe toujours un peu. Cela reste vrai même pour les plus grands champions : Michael Jordan a raté de nombreux tirs de la gagne, Rafael Nadal n'a pas gagné Roland-Garros à chaque fois (bon, presque...), et Tiger Woods a déjà raté un « easy putt ». C'est aussi ce qui rend le sport passionnant : son incertitude et sa nature fuyante.

La haute performance est une quête. Aussitôt qu'on la touche, elle nous échappe.

L'acceptation de la variabilité de la performance

Le réel, c'est qu'on ne pourra pas toujours atteindre notre plus haut niveau. On ne va pas toujours être bon. On va échouer. Souvent. Plus souvent que nous allons réussir. C'est justement ce qui rend ces moments de réussite si précieux. Tout sportif devrait apprendre à les savourer.

Le fantasme, en revanche, est l'inverse : « *Je devrais pouvoir atteindre ma plus haute performance tout le temps ou presque, puisque je travaille dur, que je suis entouré de professionnels, prépa mental, prépa physique, que je mange bien, que je récupère correctement, etc.* ». Cette illusion se traduit souvent par une phrase récurrente chez les sportifs : « *Je sais que je suis capable de mieux* », comme si la norme était de toucher son plus haut niveau d'expression en permanence.

Le danger du fantasme vient ainsi attaquer sa confiance en soi et plus dangereusement son estime de soi, si le sportif n'y prend garde. La performance n'a rien d'évident, elle n'est jamais facile, jamais acquise.

Cette fausse conception est malheureusement grandement confortée par l'influence de plus en plus présente des réseaux sociaux. Machine à négativité, à culpabiliser et à simplifier à outrance la haute performance.

Influence du regard extérieur et impact des réseaux sociaux

Le Dr Michael Larrar, ancien psychiatre de l'INSEP, déclare à propos des réseaux sociaux et du sport de haut niveau : « *Plus un sportif de haut niveau s'expose sur les réseaux sociaux, plus il s'expose aux coups : commentaires malveillants, pression extérieure et surcharge mentale deviennent alors des risques à gérer, bien plus que de réels bénéfices.* »

Les sportifs d'aujourd'hui ont grandi avec les réseaux sociaux et il leur est difficile d'ignorer le flux incessant de commentaires, qu'ils soient flatteurs ou destructeurs. Ces jugements externes finissent souvent par être assimilés, nourrissant une peur du regard des autres et une anxiété de performance.

L'amplification de la critique et des jugements parfois haineux peut avoir des conséquences néfastes sur l'estime de soi des sportifs. Pourtant, certains recherchent une validation extérieure à travers l'hypervisibilité et la course aux likes.

Le Dr Larrar met en garde : « *Plutôt que de renforcer une confiance en soi authentique, les réseaux sociaux tendent à alimenter chez le sportif une quête de reconnaissance excessive, flirtant avec l'hystérie ou l'exhibitionnisme, au détriment de son équilibre mental.* »

Il est crucial que les sportifs s'appuient sur des repères sains, distancés, objectifs et bienveillants, plutôt que de laisser des regards extérieurs et anonymes valider leur projet de performance. Bien sûr, certains aspects pratiques (sponsors, notoriété) justifient l'usage des réseaux, mais une prise de distance critique s'avère indispensable.

En somme, les réseaux sociaux ne reflètent ni la réalité de qui je suis, ni celle de mes performances, mais plutôt une minorité souvent agressive, envieuse ou médisante.

En conclusion

Pour clore ce premier chapitre, nous retiendrons les liens étroits qui peuvent et se doivent d'être établis entre performance et bien-être afin de bien appréhender la complexité de la vie d'un sportif de haut niveau.

Loin des clichés sur le sport, la performance se nourrit de réflexion, de remise en question et de doutes, et nécessitera un esprit calme et apaisé afin de permettre à l'inconscient sportif (c'est-à-dire au savoir technico-tactique emmagasiné dans l'esprit) d'aller piocher le geste juste en une fraction de seconde.

Se plonger dans le sport de haut niveau, c'est vivre dans un volcan émotionnel fait de hauts et de bas permanents. De victoires grisantes et de déceptions violentes. Le sportif devra donc s'armer mentalement afin de survivre dans cette tempête. Et la meilleure des armes dans cette bataille restera pour lui la connaissance de lui-même. Une connaissance qui lui permettra de faire les ajustements nécessaires à sa réussite dans le temps.

PARTIE II

« À la recherche de l'excellence sportive »

Être champion parmi les champions

« Il faut toujours viser la lune, car même en cas d'échec, on atterrit dans les étoiles. »

Oscar Wilde

1

Vers un mental de haut niveau : *« Je performe comme je suis. »*

1.1 La motivation et le lien avec le projet sportif

▲ L'histoire

Hamilton : le chemin vers une médaille

S'il est des sportifs qui vous donnent des complexes, les gymnastes se posent en favoris de cet exercice. En dehors d'être beaux et dotés de corps sculpturaux, ils ont en plus le mauvais goût d'être ô combien sympathiques...

Hamilton Sabot est en ce sens un digne représentant de son sport. Je connais bien les gymnastes de l'Insep pour en suivre un certain nombre depuis mon arrivée au sein de l'institut. Hamilton, lui, n'a jamais, au cours des bilans psy obligatoires, spécialement souhaité être accompagné. Mais lors de son dernier bilan, il a été interpellé par une de mes remarques à l'évocation de ses difficultés sportives. Je lui ai dit en effet – je pensais alors nommer « un éléphant dans un couloir » – qu'il était difficile pour lui d'accepter des compromis, étant « *un rien obsessionnel* ».

De vous à moi, dire à un gymnaste qu'il est obsessionnel revient à dire à un psychologue qu'il a une tendance à interpréter les choses... Pour autant, l'évocation de cette évidence lui a apparemment fait prendre conscience qu'il avait sûrement des choses à travailler dans ce domaine et ainsi, à l'hiver 2012, en plein dans la dernière ligne droite pour la qualification aux jeux Olympiques de Londres, Hamilton a demandé à me revoir. Et nous abordâmes vite le cœur de son problème.

Cédric : « *Comment ça va, Hamil ?* »

Hamilton : « *Moyen,* me dit-il. *Je ne sais pas trop où j'en suis en ce moment. En fait, Cédric, tu n'en parles à personne, bien sûr, mais là, je pense vraiment à arrêter la gym. J'ai trop de choses à gérer en même temps.* »

Cette réflexion à l'approche des Jeux où il a une chance de se qualifier m'interpelle bien sûr immédiatement.

C. : « *Et qu'est-ce qui provoque cela ?* »

H. : « *J'en ai marre d'être fatigué en permanence, d'avoir mal tout le temps à cause de l'entraînement. En gym, tu as tout le temps des pépins physiques… Ça m'use. Et en même temps, j'ai peur de rater mes études à cause de cela. En fait, je ne fais rien comme il faut. Je fais les études à moitié et le sport à moitié et, du coup, j'ai peur de rater les deux… Je me dis qu'il vaut peut-être mieux laisser tomber le sport et me concentrer sur mes études.* » (NDA : Hamilton faisait des études de kinésithérapie, évidemment très exigeantes en temps et en investissement.)

C. : « *En fait, c'est non pas le fait que tu fasses mal les deux, mais comme on l'évoquait lors de ton bilan, ton désir de perfection qui est mis à rude épreuve par le double projet. Est-ce que c'est tant le fait que tu fasses mal les deux que le fait que tu ne puisses les faire parfaitement ?* »

H. : « *Oui, c'est vrai, tu as raison. Je ne fais pas mal, mais je n'aime vraiment pas faire les choses à peu près… À moitié…* »

Je souris et reprends.

C. : « *Oui, Hamil, cela, je m'en doute. Ça doit être une vraie torture pour toi. Mais il y a sûrement une question de positionnement, d'acceptation, de compromis à travailler. Car au fond, la question est la suivante : 1) prends-tu un vrai risque au niveau de tes études ? Et 2) peux-tu vraiment espérer te qualifier aux Jeux avec ce niveau d'investissement-là et avec aussi peu de plaisir ?* »

H. : « *Pour les études, en réalité, je ne vais pas me faire virer, même si je redouble... C'est vrai que ça m'embêterait... Mais non, cela ne serait pas catastrophique. Et pour les Jeux, c'est sûr que non... Je ne pourrais pas y arriver comme cela. Avec mon état d'esprit actuel, ce n'est pas jouable.* »

C. : « *Donc, la question est de savoir à quel point faire les Jeux serait important pour toi ?* »

Hamilton prend quelques instants pour analyser ma question et, sûr de lui, me répond :

H. : « *Cela serait un aboutissement d'y aller et d'y faire un résultat. C'est sûr que c'est quelque chose qui changerait ma carrière... Avoir une médaille aux Jeux... Ça reste la récompense ultime.* »

C. : « *Bien. Donc si je résume ta pensée, tu as très envie d'y aller, mais cela nécessitera un compromis que pour l'instant, tu n'es pas prêt à faire. Et également, du coup, si tu choisis de faire ce compromis, cela implique également d'accepter la réalité de ta situation. Cette réalité est que tu n'es pas nul dans les deux domaines, mais que c'est* objectivement *très difficile de concilier les deux aspects, sport et études. Si tu choisis de vraiment viser la qualification olympique, il te faudra diminuer cette dureté envers toi-même et te repositionner sur le plaisir. Travailler sur ton perfectionnisme, cela voudra dire accepter de ne pas pouvoir tout anticiper, tout contrôler… Et cela, les personnes "un peu obsessionnelles", eh bien… elles n'adorent pas cela, en général* », dis-je, un brin provocateur.

« *Ça, c'est clair que ce n'est pas trop mon truc !* me répond Hamilton avec un grand sourire. *O.K., Cédric. C'est clair que la vérité, c'est que j'ai vraiment envie de faire un truc aux Jeux, donc je vais essayer de travailler là-dessus.* »

En effet, cet aspect sera au cœur de notre travail dans les semaines qui suivirent. Comment accepter de ne pouvoir être tout-puissant, d'être partout à la fois ? Accepter cette frustration et se repositionner dans une démarche positive où le plaisir est à nouveau au cœur de sa pratique.

« *Ce qui m'a sûrement aidé,* explique Hamilton rétrospectivement, *c'est que dès le début, tu m'as vite renvoyé à une réalité. Tu m'as dit : "Si tu veux arrêter, arrête, mais si tu choisis d'y aller et de viser les Jeux, il faut y aller à fond, pas à moitié". Au fond, cela m'a obligé à me positionner et cela m'a soulagé.* »

Si, dès la semaine suivante, Hamilton me fit part d'une amélioration du plaisir et de l'investissement à l'entraînement, il fut dès lors confronté à la peur inverse… À savoir, une crainte de basculer dans l'extrême opposé, un relâchement trop important.

Je tentai alors de le rassurer sur le fait que ce risque était avant tout fantasmé et qu'il avait encore une très importante marge avant d'en arriver à un « *laisser-aller total* »… Au fond, cette peur-là n'était que le fruit logique d'un processus de réajustement. Sortir d'une logique de contrôle obsessionnelle et perfectionniste demande quelques ajustements.

Hamilton se confrontait avant tout à la nouveauté... Ou en tout cas, à une sensation devenue avec le temps inhabituelle pour lui : lâcher prise tout en essayant de moins anticiper les conséquences de chacune de ses actions.

Nous allions par la suite aborder beaucoup d'aspects liés à son investissement au quotidien ainsi qu'à sa confiance en lui, en nous efforçant d'apposer des définitions claires à ses envies, tout en privilégiant la mise en place d'un dialogue interne apaisant, afin de le maintenir dans le moment présent.

L'un des axes majeurs fut de mettre en place un nouveau regard sur la notion de difficulté. L'acceptation de la difficulté comme un challenge à surmonter plutôt que comme le signe d'un échec. **Évidemment, le sentiment quotidien d'une forme d'échec ou de non-progression mène à une forme de découragement. La motivation trouve sa source de manière importante dans la satisfaction. Or, il en existe peu lorsque la référence est en permanence la perfection.** Un paradoxe récurrent pour les sportifs visant le plus haut niveau de réussite.

Comment donc avoir une motivation concrète à court terme *(« aujourd'hui, j'ai envie de m'entraîner »)* tout en établissant un lien avec cet objectif stimulant à moyen terme (se qualifier aux jeux Olympiques) ?

Hamilton comprit progressivement qu'il lui faudrait instaurer un autre rapport avec lui-même. Un juste milieu, un compromis entre exigence et intransigeance. Entre ambition et sévérité. En sortant de l'idée d'essayer *« d'être une machine ultra-performante »* afin de glisser vers l'idée plus apaisante et stimulante de *« faire de son mieux à chaque fois »*, il gagna progressivement en constance et en régularité. Il apprit à mettre un peu plus de souplesse dans son approche de la performance au fil du temps. Car – et ce fut pour lui l'une des clés à intégrer – faire de son mieux, ce n'est pas un renoncement ou bien même un compromis à son ambition. « *Son mieux* », cela peut être potentiellement du très haut niveau. Cela peut être l'excellence. « *J'essaie de tendre vers cela. Je ne m'impose pas l'obligation d'y arriver* » : toute la subtilité du travail d'Hamilton sur lui-même peut se résumer à cette simple nuance.

En reprenant l'histoire de sa collaboration avec moi pour ce livre, Hamilton précisa ce point :

« *Ce qui a été le plus dur, c'est d'arriver à me dire que ce n'est pas parce que l'entraînement n'a pas été parfait que l'état d'esprit n'était pas bon. D'arriver à dissocier les deux. Dans un premier temps, c'est vrai que l'on a pris comme parti pris d'arriver à se dire que même si le résultat n'était pas parfait, si l'état d'esprit était bon, alors c'était positif. Cela m'a pris du temps... Au départ, la moindre erreur prenait toute la place... Je ne retenais que cela.* »

Les premières améliorations se firent sentir quelque temps après avec son record de points en compétition aux barres parallèles (son agrès de prédilection).

Et puis, suite aux championnats de France et d'Europe, la récompense tomba : Hamilton s'était qualifié pour les jeux Olympiques de Londres dans le courant du mois de juin 2012. Une satisfaction, voire une délivrance pour lui... de courte durée. Évidemment. Pas le temps d'apprécier. Une nouvelle angoisse avait déjà fait son apparition : « *Et si j'échouais dès le premier tour ?!* » (NDA : aux jeux Olympiques, en gymnastique, votre premier passage est déterminant. Selon votre réussite, sur cet unique exercice, tout peut s'arrêter là. Et l'athlète n'aura pas de chance de rattrapage par la suite.)

Un scénario catastrophe ultra-angoissant pour Hamilton. Tout ce travail, tous ces efforts et sacrifices sur plusieurs années pour simplement quelques minutes aux JO... L'anticipation (encore et toujours) d'un échec potentiel provoqua chez lui la crainte de devoir se confronter à un échec majeur. D'être face à un « *tout ça pour ça. Quatre ans pour quatre minutes...* ».

Il m'exprima ses craintes à ce sujet dans une de nos dernières séances avant son départ pour les Jeux. Notre échange fut le suivant :

H. : « *Tu vois, Cédric, ce qui me fait peur, là, c'est comment je vais gérer mon stress le jour de la compétition. Ça m'obsède, je te jure, je ne pense plus qu'à ça : mon passage le premier jour. En plus, je commence par "mon agrès" : les barres parallèles. Ce qui est typique à la gym, c'est que le même passage qualifie pour les trois finales ! Le concours par équipe, la finale individuelle du concours général et la finale par agrès ! Ce côté "one-shot" est assez effrayant, tu vois. La moindre erreur pendant les qualifications peut avoir des conséquences énormes.* »

C. : « *Il y a deux points à bien retenir pour toi en réalité, Hamilton. Le premier, c'est que tu aurais une stratégie mentale particulière à inventer pour cet événement. Or, c'est faux. Tu vas devoir faire ni plus ni moins ce que tu sais faire. Ce que tu fais tous les jours. Ce seront les mêmes règles, les mêmes principes, les mêmes agrès, le même type de salle. Donc ce seront les mêmes principes mentaux : relâchement, accepter l'idée de l'échec, s'orienter vers le plaisir, être en pleine expression et ne pas y aller "pour éviter la chute ou l'erreur". Bref, tout ce que tu travailles depuis un moment et qui a porté ses fruits. Tu n'as rien à inventer à ce niveau-là. Juste à reproduire, dans un cadre différent. On a juste changé le lieu et le contexte. Mais toi, tu dois juste faire ce que tu sais faire... La salle, c'est chez toi. Tu dois t'y sentir à l'aise, cela doit être confortable. Tu y as tes habitudes. Tu ne dois pas craindre d'y être. Tu dois t'efforcer d'être heureux d'y être. Profiter de l'événement et non le subir.* »

H. : « *Oui. Je comprends ce que tu veux dire. Et c'est un réel objectif pour moi, car à mes premiers jeux Olympiques, j'ai eu le sentiment, justement, de ne pas avoir assez profité de l'événement. D'avoir été un peu spectateur...* »

C. : « *Oui, il faut changer cela. Et le deuxième point, c'est au sujet de ta "phobie" d'échouer sur le premier passage. Du coup, j'aimerais te proposer la réflexion suivante : si jamais tu échoues au premier passage, tu seras très déçu. O.K. C'est un fait. Maintenant, admettons que tu ne te rates pas, mais que tu n'entres pas en finale* (NDA : pour passer le premier tour aux JO, il faut finir dans les 8 premiers scores, ce qui était objectivement jouable pour lui). *Dans ce cas-là, quelle serait ta réaction ?* »

Hamilton me répond alors quasi instantanément : « *Je serais quasiment autant déçu, c'est sûr. Si j'y vais, c'est pour aller en finale...* »

C. : « *OK. Poursuivons. Maintenant, admettons que tu rentres en finale et que tu te plantes. Quelle serait ta réaction, à ton avis ? Tu resterais sur la satisfaction d'avoir été en finale ?* »

Là encore, sa réponse fuse.

H. : « *Non, c'est sûr que je serais dégoûté. Je me dirais que j'avais les moyens de faire mieux. Si tu vas en finale et que tu te gaufres, forcément, c'est une énorme déception...* »

C. : « *O.K., je comprends. Maintenant, enfin, admettons que tu ne te plantes pas au premier tour, qu'en effet, tu rentres en finale, que tu fasses une très bonne finale et que tu finisses quatrième ! Serais-tu satisfait ?* »

Hamilton rit devant ma démonstration, car il sait que je connais déjà la réponse à ma question… tellement celle-ci est évidente.

H. : « *Bah non !* s'exclame-t-il en riant. *Évidemment ! Tu finis quatrième, à une place de la médaille, c'est ce qu'il y a de pire ! Encore pire que de ne pas avoir passé le premier tour, je pense.* »

C. : « *Bien,* dis-je (non sans fierté d'être parvenu à lui avoir fait dire tout cela !). *Donc, en résumé, tout autre résultat qu'une médaille serait donc une déception pour toi, c'est bien cela ?* »

H. : « *Oui, c'est ça* », me confirme-t-il.

C. : « *O.K. Donc, on ne va pas s'angoisser pour le premier tour, puisque le risque de déception est omniprésent, même après cette échéance. Tu admets toi-même que gagner une médaille, même si tu y crois, serait quand même un exploit incroyable ! Donc, tu n'as vraiment rien à perdre et tu es condamné de toute façon à y aller pour donner le meilleur, car sans cela, de toute façon, tu n'as aucune chance d'atteindre ton objectif. Est-ce que tu es d'accord avec cela ?* »

Hamilton reste pensif quelques instants et conclut.

H. : « *Oui, c'est clair, Cédric. C'est comme ça qu'il faut que je l'aborde. Pour gagner. Pas dans la peur.* »

Je le regarde et confirme à mon tour dans un sourire.

C. : « *Yes, Hamilton… Pour gagner et sans aucune peur.* »

23 juillet 2012

Jamais je n'aurais cru possible pour moi, le passionné de basket-ball, d'être autant stressé devant une épreuve de gymnastique... Mais en ce jour, je ressens une tension irréelle. Je suis crispé. Nerveux.

Littéralement happé par la télévision, dont je scrute le moindre détail de la compétition qui a débuté. Les qualifications pour la finale des barres parallèles se sont achevées, mais une incertitude demeure sur le nom du dernier qualifié. Parmi les deux candidats restants, un Chinois et un Français attendent de connaître leur sort. Ce Français, c'est Hamilton.

Il n'a pas chuté sur son programme. Au contraire, il a fait un mouvement presque parfait, digne d'un finaliste olympique. Mais c'est fébrile qu'il attend le décompte final des points pour connaître enfin le nom de celui qui obtiendra la huitième et dernière place qualificative pour la finale des jeux Olympiques.

Finalement et après près de vingt-quatre heures de délibération, le verdict tombe et c'est une première aux JO : il n'y aura pas huit mais bien neuf qualifiés en finale ! Les scores des huitième et neuvième gymnastes étaient si identiques qu'ils ne purent être départagés par les juges. Hamilton est en finale. Ouf.

Le cauchemar tant redouté n'a pas eu lieu. À partir de maintenant, je sais que cela ne sera que du plaisir. Au fond de moi, je crois à un petit miracle, même si mes connaissances en gym sont minimes. Je sais juste qu'il est bien. Qu'il est prêt. C'est d'ailleurs sur ces mots que je lui ai dit au revoir lors de notre tout dernier entretien au mois de juillet, lorsque nous nous sommes serré la main sur le palier de la porte de mon bureau. « *Tu es prêt. Maintenant, profite* », lui avais-je soufflé.

7 août 2012

La finale débute et Hamilton est le deuxième appelé (NB : ce fut pour lui un réel soulagement de ne pas passer en premier, ce qui aurait bien sûr pu être une possibilité). À ce moment précis, devant la télévision, alors qu'il se dirige vers le praticable, il m'apparaît serein, confiant. Heureux d'être là.

Hamilton revient rétrospectivement sur ce moment clé de sa vie sportive : « *C'est là que nos séances m'ont peut-être le plus servi. J'étais soulagé d'être en finale. J'ai repensé à ce que l'on s'était dit, sur le fait de profiter à fond du moment. De le vivre et de ne pas le subir. Se dire que c'est un moment unique dans une vie, donc le savourer… Je me suis enlevé beaucoup de pression. J'ai vraiment kiffé l'instant.* »

Il va alors faire du Hamil' dans le texte. Tel qu'on le connaît dans le milieu de la gym française. Un style élégant et délié qu'apprécient les puristes. Hamilton virevolte, enchaîne les éléments et nous fait oublier la difficulté extrême de ce qu'il réalise.

Ces quelques secondes que je vis totalement en apnée devant mon poste me semblent interminables. Le final de son mouvement se rapproche. Même un inculte de la gym comme moi sait que la sortie est essentielle.

Ne pas chuter et « *piler* », comme on dit (c'est-à-dire tomber net et droit). Et c'est presque le cas. Une sortie magnifique avec un tout petit sursaut. Les commentateurs s'enflamment : « *Bravo, Hamil ! C'est parfait !* » hurlent-ils. Hamilton a les bras levés et un sourire immense ! Comme s'il avait déjà gagné… Je n'ai aucune idée de si cela lui permettra de gagner une médaille, mais pour moi, cela ressemble déjà beaucoup à une victoire, en effet… Je souffle. Et maintenant, l'attente commence. Il faut attendre le passage de tous les autres concurrents. Les sept autres. D'interminables minutes, réelle torture, jusqu'aux points et au classement.

Hamilton est troisième. Il doit conserver ce classement. Et au bout… Ça tiendra. Hamilton restera accroché à sa place sur le podium.

Un magnifique médaillé de bronze. La seule pour la gym française, cette année-là. L'accomplissement d'une vie de sportif. Il est à tout jamais **médaillé olympique**. Je suis tellement heureux pour lui. Hamilton est tout à sa joie sur le podium. Il aurait presque l'air plus heureux que les médaillés d'argent et d'or… Ce n'est pas dans mes habitudes, mais pour une fois, j'ose un SMS de félicitations. Un peu plus tard dans la journée, mon portable vibre.

J'y découvre une touchante réponse que je conserve encore aujourd'hui sur mon portable :

< Messages **Hamilton** Options

Message
7 août 2012 16:13

Ce fut une grande et belle émotion que de te voir remporter cette médaille. Très heureux pour toi. Félicitations et à bientôt. Cédric Quignon-Fleuret.

7 août 2012 18:24

Merci Cédric, une médaille en grande partie grâce à toi !
À très bientôt pour te remercier de vive voix !

Cédric Quignon-Fleuret et Hamilton Sabot,
international de gymnastique artistique.

▲ L'analyse

La motivation est tel un muscle qui, lorsque l'on tire excessivement dessus, s'abîme, se détend, s'use et, au final, cède.

Le « renforcement musculaire » de la motivation (pour poursuivre avec cette analogie) est le sens et le lien qu'arrive à faire le sportif entre l'entraînement et les compétitions de moindre importance et un objectif investi et, si possible, fortement fantasmé.

L'objectif de fond, c'est la poursuite d'un rêve sportif et de l'idée d'accomplissement.

Un paradoxe psychologique en se rapprochant de l'objectif

L'usure du temps (comme on a pu le voir dans le cas d'Hamilton, précédemment) est l'ennemi majeur de cette motivation. L'effort quotidien a besoin d'être rapporté à quelque chose de stimulant et si la progression, l'amélioration de la perf' peuvent se suffire à elles-mêmes en tant qu'objectifs stimulants dans les premières années de pratique du haut niveau, ce lien naturel sera de plus en plus difficile à conserver avec le temps. En effet, le sportif sera rattrapé par la question du sens de sa pratique et la notion du manque permanent de temps.

Il se retrouvera progressivement éloigné d'une course au rêve, où l'on fonce sans se poser de question et où l'on est donc, symboliquement, dans une position infantile insouciante. Pour tendre vers la perspective angoissante de la réalité du monde des adultes et de l'après-carrière.

À une certaine échéance de la fin de carrière, la triste et banale réalité pointera à l'horizon et questionnera le sens de la pratique. « *Tout ce temps consacré à ma performance ne me fera pas vivre après. Ai-je raison de continuer ? N'est-ce pas là du temps perdu ? Suis-je raisonnable de poursuivre ce rêve ?* »

Car le paradoxe dans lequel le champion s'inscrit est de plus en plus marqué, au fur et à mesure que les objectifs se rapprochent… En effet, plus on se rapproche de la très haute performance (un titre mondial ou olympique, par exemple), plus les efforts et sacrifices à fournir sont conséquents, plus le temps à consacrer à la discipline est important et moins le relâchement devient possible.

Autrement dit, « *plus je me rapproche de ce que je vise et plus c'est difficile !* ».

Enfin, comme l'illustre l'angoisse d'Hamilton à l'approche de sa qualification pour les JO, plus l'objectif est pleinement investi et plus le sportif a conscience de l'ampleur de la déception qui l'attend en cas d'échec. Des actes manqués pour fuir cette perspective terrifiante sont donc, dans cette optique, loin d'être inimaginables. On préfère arrêter et privilégier les études, voire se blesser pour plus facilement renoncer, car inconsciemment, plus l'objectif « rêvé » devient une possibilité réaliste, plus on peut être déçu et, en conséquence, souffrir.

Or, le SHN (contrairement à ce que l'on pourrait croire) n'est pas masochiste. Et comme tout individu, son psychisme anticipe et tend à vouloir, dans un réflexe naturel de protection, éviter cette souffrance.

L'addition de ces facteurs « **usure du temps + perspective de l'après-carrière + réflexe d'autoprotection** » (et d'autres encore) peut donc jouer sur une baisse de la motivation. Afin de préserver un certain degré de motivation dans le temps, un SHN pourra s'inspirer des principes suivants :

— **Préserver la part de rêve** dans un objectif à atteindre et assumer son désir de tout mettre en œuvre pour celui-ci ;
— **Identifier les craintes potentielles** liées à l'atteinte (ou, à l'inverse, à la non-réalisation) de cet objectif ;
— **Définir des objectifs intermédiaires** dans le temps (court, moyen, long terme), qui permettront de tendre vers cet objectif ;
— **Faire les liens** entre les objectifs actuels (ou quotidiens) et l'objectif à long terme.

Détaillons à présent point par point ces étapes :

— **Préserver la part de rêve** dans un objectif revient à une forme de croyance, de foi. Au sens « *je crois en moi et en mes capacités à atteindre ce qui représentera pour moi l'aboutissement de ma carrière* ». Cette image rêvée (le podium, la médaille, le titre), c'est en partie l'essence dans le moteur de la motivation. Le renoncement à cette image entraîne souvent une perte significative de la motivation, pouvant donner lieu à un désir d'arrêt de carrière. On a perdu la foi, en somme. Si cette image a besoin d'être redéfinie, alors bien sûr, il s'agira d'un processus constructif que de la réajuster.

— **L'identification des craintes** liées à la réalisation de l'objectif revient à la nécessité du travail introspectif (cf. partie I, 4.2). Il s'agit de conserver un rapport sain et honnête avec soi-même, afin de ne pas être victime de blocages inconscients. On identifie les craintes réelles et fantasmées afin de pouvoir prendre un positionnement clair et libérateur par rapport à son projet sportif.

— **La définition des objectifs intermédiaires** (cf. schéma 1, p. 156) consiste à établir une stratégie temporelle. Le sportif ne se comparera pas en permanence à l'objectif à long terme et, par l'idée de paliers progressifs, il crée à la fois un processus plus stimulant pour lui et une plus grande possibilité de moments de satisfaction sur le parcours. Il découpe son projet de fond en étapes intermédiaires, gardant à l'esprit que l'atteinte de chacune de ces étapes le rapproche un peu plus de son objectif final.

Baliser le parcours vers le sommet

En précisant aux niveaux technique, physique et mental l'objectif à atteindre à long terme (quatre ans et plus), moyen terme (un ou deux ans) et court terme (pour la saison en cours), il définit des balises, des repères qui lui éviteront une forme de découragement. De la même manière, il sera utile de procéder à la même méthode pour le court terme et de déterminer sur les trois axes (technique, physique et mental) l'objectif à atteindre d'ici trois mois, six mois et un an.

En décortiquant ainsi le temps, il ne s'agit plus de se dire que l'objectif réellement convoité ne sera présent que dans, par exemple, quatre ans et donc très éloigné de mon quotidien. Il s'agit de considérer le rapport à l'objectif d'une façon stimulante : si je veux atteindre cet objectif à long terme d'ici quatre ans, je dois en être là d'ici deux ans (moyen terme) et donc atteindre cela d'ici un an.

J'ai trois mois pour atteindre telle étape et, du coup, chaque entraînement va compter. Chaque entraînement, chaque compétition ne vont plus être considérés comme une contrainte en attendant l'objectif réellement excitant, mais ces temps seront considérés comme des opportunités de pouvoir se rapprocher un peu plus de mon objectif très investi.

Au final, le travail essentiel dans le but de conserver et/ou de relancer la motivation consistera à établir des liens réguliers entre l'objectif à long terme et les objectifs à court terme, voire à très court terme.

Maintenir la motivation, c'est conserver l'idée de lien entre le projet à long terme et le quotidien. Entre ce qui est excitant, stimulant et ce qui est plus banal et répétitif. C'est incorporer un soupçon de rêve dans un quotidien afin que celui-ci reste investi par le champion.

SCHÉMA 1. MOTIVATION

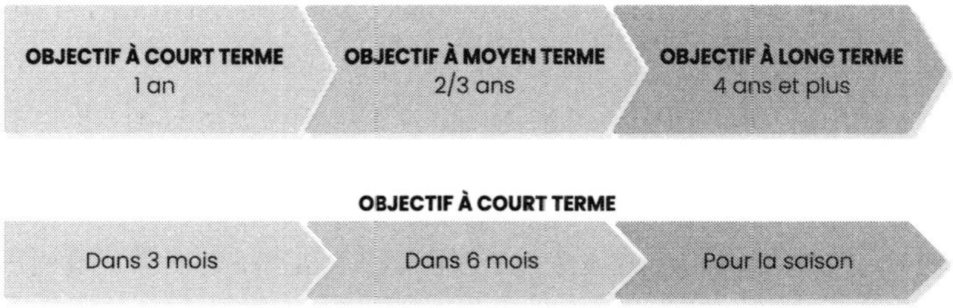

- **Objectifs physiques :**
- **Objectifs tactiques :**
- **Objectifs techniques :**
- **Objectifs mentaux :**

1.2 La confiance en soi : construire un Moi idéal

> « *There's no I in team, but there's an I in win...* »
>
> Michael Jordan
>
> Traduction : « *Il n'y a pas de i dans groupe, mais il y a un i dans victoire* » *(Jeu de mots sur la lettre « i » et le pronom personnel « I » signifiant « je » en anglais)*

Terme ultra-récurrent, totalement banalisé et souvent vide de sens dans l'univers du sport de haut niveau, **la confiance en soi** est l'objet de tous les désirs. Les champions et championnes doivent en avoir en permanence, l'afficher, voire la revendiquer, tout en prenant garde à rester humbles sur leurs ambitions. Car, au contraire de ce qui prévaut dans la culture américaine, en Europe (en

France, notamment), le sportif trop confiant a vite fait de passer pour un fanfaron prétentieux. La confiance chez nous est vite associée à l'arrogance. Un beau casse-tête pour le sportif, aussi bien en termes de construction identitaire qu'en matière de communication et de gestion d'image.

Arriver à se voir réellement en haut de l'affiche

La confiance en soi est souvent considérée par les sportifs comme une jauge qui aurait une existence presque séparée d'eux. Se traduisant dans leur vocabulaire par des expressions telles que « *ma confiance va bien* », « *elle en a pris un coup* », « *ma confiance est au top* », « *ma confiance a des hauts et des bas* ».

Bien évidemment, le concept de confiance en soi est intimement lié aux résultats, aux performances et, en premier lieu, à la qualité de l'entraînement. Mais pas exclusivement. Des sportifs tout à fait performants peuvent avouer avoir comme premier écueil un manque de confiance en eux. Car la capacité à se voir régulièrement triomphant ne renvoie pas uniquement à l'idée d'un certain niveau de maîtrise technique et/ou physique, mais également à un rapport identitaire et au Moi. La confiance en soi dans le sport de haut niveau va justement mettre en avant la différence potentielle entre mon niveau de perf' réelle (ou tel que je le perçois) et ma capacité à me voir aller plus haut.

Beaucoup de facteurs peuvent entrer en compte, qui seront limitants à haut niveau : une forme d'humilité, pour commencer. Pour être un jour n° 1, il faut arriver à se penser, à se voir, à se projeter comme n° 1. Or, pour beaucoup, se penser un jour le meilleur du monde, n'est-ce pas se voir trop beau ? Du coup, une réflexion se fait dans l'esprit du champion : « *Est-ce possible de battre le n° 1 si j'ai du mal à y croire ? Si je n'arrive pas à enfiler le costume ?* » Puis, en poussant la réflexion, « *comment puis-je seulement nourrir un espoir d'y arriver, si je ne suis pas intimement convaincu que je peux être un jour n° 1 ?* ».

Il y a quelques années, j'ai travaillé avec un sportif pratiquant un sport de combat précisément pour des difficultés de confiance en lui. Il s'agissait d'un sportif charmant, poli, respectueux, ayant une assez faible estime de lui (ayant souvent été rabaissé par des entraîneurs dans sa jeunesse) et régulièrement soumis à un stress important en compétition. De ce fait, il souffrait d'un décalage important entre son niveau d'entraînement et son niveau de performance (un des symptômes sportifs les plus évidents à mettre en avant afin de diagnostiquer des difficultés de confiance). Un fait objectif confirmé par ses entraîneurs.

Nous avons bien travaillé ensemble sur le lâcher-prise et l'absence de jugement de soi pendant le temps de la compétition et ses performances augmentèrent sensiblement de semaine en semaine. Jusqu'à se retrouver un jour face à un adversaire a priori hors de portée pour lui, le n° 1 mondial.

Il entama parfaitement son combat face à cette légende des tatamis, tant et si bien qu'à mi-combat, il menait au score et se trouvait en position de l'emporter. Puis, tout d'un coup, il s'effondra et laissa la victoire lui échapper.

Lors de l'entretien qui suivit cette défaite, il m'avoua alors qu'à mi-combat et en tête, il fut traversé par cette réflexion : « *Mais est-ce que je suis vraiment prêt à battre le meilleur du monde ?* » Le temps de penser cela qu'il fut déjà mis au tapis et défait. Cette confession ne fut pas facile pour lui, car il s'en sentit un peu honteux et enrageait d'avoir laissé passer une telle opportunité.

Mais c'est là une réalité : pour gagner, il ne faut pas seulement en avoir les moyens, il faut également se sentir prêt à endosser le costume. Ainsi, je répète fréquemment aux sportifs dont les progressions sont significatives que tous « *les voyants sont au vert* » pour eux et, alors qu'ils s'apprêtent à partir en compétition : « *Ne soyez pas surpris de gagner. Il faut maintenant vous y attendre.* » J'eus de la même manière une collaboration avec un sprinteur qui se crispa totalement à quelques mètres de l'arrivée alors qu'il était en tête dans sa course, sentant qu'il était sur le point de battre un adversaire, qu'il n'aurait jamais imaginé pouvoir un jour ne serait-ce qu'égaler. **Quand la réalité rattrape le rêve, cela peut être aussi tout à fait déstabilisant.**

Définir son Moi champion idéal

Ainsi, il est essentiel pour un SHN d'identifier au-delà de sa personnalité naturelle les attributs propres à la performance de très haut niveau. Afin que celle-ci ne soit plus considérée comme un exploit déstabilisant, si jamais l'opportunité devait se présenter à lui, mais comme la conséquence logique d'une préparation. Il devra ainsi travailler son image propre en amont et se créer un « **Moi champion** » qui transcendera, prendra le pas sur sa personnalité de tous les jours.

« *C'est l'image que nous avons de nous-mêmes qui fait notre destin* », écrit Nathaniel Branden[1].

1. Nathaniel Branden est un psychothérapeute et écrivain américain connu pour sa psychologie dite de l'estime de soi.

Il convient pour un sportif et, encore une fois, dans un processus d'honnêteté et de lucidité avec soi-même, non seulement d'identifier ses failles ou manques, ainsi que ses atouts, mais aussi de pouvoir, une fois « sur scène », se penser suffisamment fort pour pouvoir triompher de tous les obstacles. Être fort, confiant, c'est avant tout se construire un personnage et le jouer, tel un acteur de théâtre.

Le parallèle est d'ailleurs assez flagrant. Le sport de haut niveau, c'est également un spectacle (on parle de « *sport spectacle* », d'ailleurs) où viennent des spectateurs afin de ressentir des émotions. On y met un habit spécifique, un costume ou une tenue, et dès lors, on est, on doit devenir quelqu'un d'autre.

Nuance majeure entre le sport et le théâtre : la fin n'est pas écrite à l'avance et c'est bien ce qui rend la pièce sportive si passionnante. Son imprédictibilité crée sa dramaturgie. Il est rare en effet et ce, quel que soit le nombre de représentations auxquelles on assistera, que Roméo et Juliette finissent par couler de paisibles jours côte à côte...

Le sportif va donc, si besoin est, jouer un rôle. Il va jouer un Autre. Cet Autre doit être clairement défini et identifié par le sportif. Il s'agit de ce que l'on nomme en psychologie un « Moi idéal » et que l'on peut nommer dans le champ du sport de compétition **« le Moi champion idéal »**.

Il ne s'agit pas de savoir qui je suis, mais de savoir qui je veux être sur le terrain. On ne va pas chercher des réponses sur le terrain, on va affirmer une conviction. Je ne viens pas voir si je suis capable de. Je viens montrer, affirmer qui je suis.

La compétition n'est pas un temps de questionnement, c'est un temps d'affirmation. C'est l'affirmation d'une identité. Celle du Moi champion. Ce personnage quelque peu romancé, idéalisé, rêvé, mais qui m'amènera au plus haut.

J'invite les apprentis champions à s'intéresser dans ce sens à la vie du récemment disparu et *greatest* Mohammed Ali[1]. Ali n'était pas seulement un maître de boxe, il était aussi un maître en matière de psychologie. Son conditionnement personnel est d'ailleurs entré dans la légende du sport. Ali faisait en effet systématiquement appel à un individu de son entourage, dont la tâche était de le « mettre dans la peau du personnage ». Ali s'amusait ainsi à booster sa confiance en lui en devisant avec lui de sa grandeur et son invincibilité. Mais au final, Ali y croyait. Avait besoin de cela. De se penser le plus grand et de se l'entendre dire, pour au final, l'être sur le ring.

Le sportif (la sportive) peut ainsi être, dans sa vie de tous les jours (et c'est majoritairement le cas), un individu humble, sympathique, respectueux, voire timide et introverti. Mais le temps de la compétition venue, une seule chose doit compter : « *Que dois-je faire pour gagner ? Quel type de personnalité, d'attitude, d'état d'esprit dois-je afficher afin de me donner un maximum de chances d'exploiter tout mon potentiel ?* »

Si au final, je maintiens farouchement cette identité en compétition, du début à la fin, sans peur de l'échec et que je conserve une croyance permanente que je peux triompher, alors ce sera un succès. Indépendamment du résultat. Car j'aurais donné le meilleur de mes capacités et, à terme, je me donne les moyens de gagner.

Gagner doit devenir une habitude et non une surprise, comme le laisse entendre cette citation célèbre de Vince

1. De nombreux ouvrages et documentaires existent sur le boxeur. On peut citer notamment l'extraordinaire documentaire *When We Were Kings*.

Lombardi[1] : « *Gagner, ce n'est pas quelque chose qui arrive parfois ; c'est quelque chose que l'on fait à chaque fois. On ne réussit pas quelque chose de bien une fois, on ne prend pas la bonne décision de temps en temps, on la prend à chaque fois. Gagner est une habitude et, malheureusement, perdre aussi.* »

Faire du dépassement de soi la norme et non l'exploit

Dépasser ses limites ne doit plus être considéré par le sportif comme un exploit, mais comme un accomplissement logique. Le terme d'« exploit » est d'ailleurs souvent, à mon humble avis, beaucoup trop banalisé dans le vocabulaire sportif en France, en particulier dans les médias. Derrière un exploit, il y a souvent une simple réalité sportive. On s'est préparé, on s'est entraîné, on y a cru peut-être un peu plus que son adversaire et, au final, on a atteint son objectif. Tout simplement.

L'exploit, c'est bien plus souvent le terme de l'observateur ignorant que de l'acteur de la performance. On retrouve souvent cette nuance à l'occasion de certaines interviews postcompétition. « *C'est un incroyable exploit, non ?* » demande le/la journaliste. « *Oui... Mais nous, on y croyait depuis le début* », répond le sportif interrogé.

Intéressante formule du reste que de parler d'« *incroyable exploit* »... C'est bien parce qu'on le considère comme incroyable, que l'on n'y croit pas, que celui-ci ne se réalisera pas.

J'aime à citer une phrase culte, pour toute une génération geek du film *Star Wars*. Luke Skywalker, apprenti Jedi, s'entraîne auprès de son maître (Yoda). Il doit sor-

1. Légende du coaching en football américain.

tir, par la force de l'esprit, son vaisseau échoué dans une mare. Alors qu'il tente en vain de réaliser l'impossible, selon lui, et qu'il renonce, son maître prend le relais, soulève l'immense appareil hors de l'eau et le dépose délicatement sur le sol. L'élève ébahi regarde alors le maître et s'écrie face à son exploit : « *Je ne peux pas y croire !* » Et le maître de lui répondre : « *C'est pour cela que tu échoues.* » S'il ne s'agit bien sûr ici que de science-fiction, la philosophie présente dans cette scène est tout à fait valide dans l'univers de la performance.

Car au final, la confiance est avant tout question de croyance. De foi. La foi en soi et dans une image de champion fantasmée qu'il paraît au sportif possible d'atteindre. La confiance se situe enfin dans l'envie, dénuée de toute crainte, de tout mettre en œuvre pour se rapprocher de cette image.

1.3 La concentration : entre lâcher-prise et intensité, la quête permanente du juste milieu

> « *Appliquez-vous à garder en toute chose le juste milieu.* »
>
> Confucius (*Entretiens*)

Découverte surprise de la connaissance du corps

J'ai très tôt su le métier qui me faisait envie. La psychologie du sport s'apparente pour moi à une vocation. Je n'ai jamais voulu travailler dans un autre domaine et, à l'exception de quelques petits boulots, ne l'ai jamais fait. Je peux même précisément identifier le jour où la dimension mentale dans le sport m'a particulièrement interpellé. Ma petite illumination à moi, en somme.

J'étais âgé de 15 ans et, ce jour-là, au lycée, notre classe allait être notée en cours de sport.

Je comptais toujours sur cette note pour relever ma moyenne pas toujours au sommet (mon père ayant par ailleurs fait un principe d'éducation du fait que toute moyenne inférieure à 17/20 en sport serait inacceptable). Et les choses ne pouvaient pas mieux tomber pour moi : nous allions être évalués sur notre performance individuelle lors d'un match de basket-ball ! Étant l'un des rares pratiquants de ce sport de ma classe, je partais donc avec un avantage conséquent et me délectais à l'avance du 19/20 dans mon carnet qui ferait sinon la fierté, au moins la satisfaction de mon paternel...

Mais ces glorieux desseins se brisèrent dès l'échauffement, lorsque l'un de mes gentils camarades me jeta accidentellement le ballon en plein visage, brisant mes lunettes.

Détail ayant son importance dans cette anecdote, sans lunettes, je n'y voyais presque rien. Je plissai alors les yeux et distinguai à peine quelques formes et couleurs confuses. Tout juste arrivais-je à identifier l'arceau rouge à l'extrémité du terrain. L'angoisse m'envahit alors : « *Comment vais-je faire ?* »

À peine eus-je le temps de m'inquiéter de mon sort que notre professeur sifflait déjà le début du match. « *Bon, je n'ai plus aucune chance, je suis foutu,* me dis-je. *On fera au mieux et puis voilà,* fut ma conclusion. Le match débute et déjà, le ballon me parvient. À quelques mètres du panier, j'aperçois péniblement la cible. J'arme mon geste et laisse partir mon bras. Le filet tremble. J'ai fait mouche. J'en suis le premier stupéfait. Je crois assez peu au coup de chance, mais suis quand même intrigué. « *Ma vue me serait-elle donc si peu utile, moi qui la pensais primordiale ?* » songeai-je. Mais les actions s'enchaînent et je n'ai d'autre choix que de faire confiance à mes sensations, à mon ressenti.

Et là, même si j'étais à l'époque un joueur que nous qualifierons d'une « adresse respectable », l'improbable se produisit. En cette froide matinée d'hiver et au cœur d'un petit gymnase confiné du 12e arrondissement de Paris, je ne manquai pas un seul tir. Pas un de tout le match. Ni de près ni de loin. Jamais telle performance ne se serait produite « lunettes au nez »... De cela, j'ai la certitude.

Je n'avais eu d'autre choix que de m'en remettre à mon corps et à sa connaissance. Il s'avéra que cette connaissance intuitive était bien supérieure à celle de mon cerveau. Mon corps connaissait ce gymnase, ce panier. Il avait des repères précis que mon conscient ignorait. Le geste juste était en moi et je n'avais eu qu'à le libérer. Je n'avais eu qu'à lâcher prise et faire confiance. Ce n'était pas moi qui avais réussi tous ces paniers : c'était le savoir de mon corps.

C'était mon bras bien plus que ma tête. Mes yeux n'avaient que peu d'importance. Au final, mon corps savait mieux que moi et percevait plus précisément que mon regard. J'étais ébloui par cette révélation... Une nouvelle ère s'ouvrit ce jour-là à moi. Celle du mental.

Un coach star en NBA s'approprie la théorie du zen

On peut probablement trouver autant de concepts sur la concentration qu'il y a de livres et d'articles sur le sujet. Entre les conceptions plus scientifiques et celles plus philosophiques, la matière sur ce thème semble inépuisable. Je ne pense pas qu'une approche prévale sur une autre. Et sûrement sont-elles pour beaucoup riches et complémentaires.

Je donnerai donc simplement ma vision de ce concept et, après avoir exploré de nombreux concepts et techniques fréquemment utilisés en préparation mentale, reviendrai sur la conceptualisation qui, à mon sens, se révèle la plus efficace dans le cadre de la compétition à haut niveau.

Il s'agit pour moi avant tout de considérer la concentration comme un concept s'inscrivant dans un rapport à soi et donc également, quelque part, comme une notion quelque peu philosophique.

Ce faisant, je me suis largement inspiré d'un concept lié à la philosophie bouddhiste (je précise bien dans l'aspect philosophique et donc, sans aucune connotation religieuse) : **le zen**.

Dans son livre *Sacred Hoops*, le « *coach zen* », comme on le surnomma, Phil Jackson décrit son approche de ce concept et la façon dont il l'a intégré à sa méthode d'entraînement des meilleurs basketteurs du monde. Sont passés entre ses mains, pour ne citer qu'eux : Michael Jordan, Kobe Bryant ou encore Shaquille O'Neal, qui sont tous désormais au panthéon de ce sport.

Phil Jackson représente un modèle de succès aux États-Unis. Il détient les records du nombre de titres NBA (avec 11), de victoires en playoffs (les matchs décisifs) ou encore les pourcentages de victoires en saison régulière et en playoff. Bref, son approche du coaching a pour le moins fait ses preuves et la majorité des joueurs qu'il a entraînés évoquent l'immense influence qu'il a eue sur eux, notamment au niveau de l'approche mentale de la compétition.

Dans son livre, le coach décrit sa rencontre avec le bouddhisme, le zen et la méditation, et y développe plusieurs thématiques, dont celle de la concentration ou encore de l'agressivité sans haine.

Dès le début de mes études en psychologie, j'ai littéralement dévoré ce livre, ainsi que celui auquel Jackson fait référence concernant le concept de zen, *Esprit zen, esprit neuf*, traduit du japonais, de Shunryu Suzuki. Ce qui m'a interpellé dans le concept de zen, comme ce fut le cas pour Phil Jackson, était l'idée qu'il faille vider son esprit. Ainsi, ce livre décrit l'esprit approprié pour la concentration comme une page blanche. **L'esprit du débutant, étant vide, contient beaucoup de possibilités. Celui de l'expert, rempli de certitudes et concepts, beaucoup moins.** La concentration « zen » y est donc abordée d'une manière extrêmement simple et dépouillée.

Phil Jackson a une réflexion relative à ce concept dans son livre : « *Dans la vision bouddhiste, ce qui pollue l'esprit, c'est notre désir de faire que la vie se conforme à notre vision de ce que les choses devraient être, par opposition à ce qu'elles sont réellement.* » Il explicite alors Suzuki : « *Selon lui, la concentration ne vient pas du fait d'essayer avec intensité de se focaliser sur quelque chose, mais d'essayer de garder un esprit ouvert et dirigé vers rien. La concentration, c'est la liberté. En tant qu'ancien joueur de basket-ball, cette idée me parut pleine de bon sens.* »

Phil Jackson en tant que joueur (il joua également en NBA pendant quatorze ans) s'inspira de ce concept et le mit en application sur le terrain. Il distingua ainsi le type d'émotions auxquelles il pouvait être confronté pendant un match et l'impact de ces émotions sur ses performances.

Il décrit ce processus dans son livre : « *Mes pensées prirent plusieurs formes. Il y avait mon intérêt personnel pur* (« dès que je vais avoir la balle, je vais tirer, quoi qu'il arrive »), *mon intention désintéressée* (« je vais passer la balle, quoi qu'il arrive »), *la rage* (« j'en ai marre de ce joueur, je vais le mettre à terre, la prochaine fois ! »), *la peur* (« j'en ai marre de ce joueur, je vais demander à un partenaire de défendre sur lui »), *l'autosatisfaction* (« c'était cool ça ! Je vais le refaire ») *et, le plus fréquemment dans mon cas, l'autojugement* (« c'est quoi ton problème, Phil ? Un gamin aurait pu réussir ce tir ! »). *Cette litanie était sans fin. Cependant, le simple fait de prendre conscience de cette frénésie de pensées commença paradoxalement à m'apaiser. [...] Si vous êtes en permanence en train d'analyser le jeu, vous ne serez pas en mesure de répondre avec créativité à ce qu'il se passe. Si vous êtes concentré sur quoi que ce soit d'autre que réagir à ce qu'il se passe sur le terrain et à faire ce qui doit être fait, alors vous serez dépassé par ce moment. [...] J'ai réalisé que j'étais bien plus efficace lorsque j'étais complètement immergé dans l'action plutôt qu'en essayant de la contrôler et en remplissant mon esprit avec des attentes irréalistes.* »

Cette expérience sur lui-même contribua à développer sa philosophie de coaching, avec le succès que l'on connaît. Le concept de concentration inspiré du zen et de lâcher-prise, en opposition avec un concept renforçant l'idée de contrôle, me séduit également. J'ai donc moi-même puisé dans cette philosophie afin de conceptualiser un accompagnement psychologique des sportifs de haut niveau différent de celui que je connaissais jusqu'alors.

En effet, de nombreux concepts en préparation mentale tendaient, selon moi, à une multiplication de stratégies de contrôle renforçant une tendance déjà surdéveloppée chez la plupart des sportifs de haut niveau.

Applications pratiques

L'exercice pratique du zen est la méditation ou *zazen,* comme décrit dans le livre de Suzuki. Bien sûr, l'exercice de la méditation ou de toute autre pratique de sophrologie relève d'une démarche individuelle et peut comporter de nombreux bénéfices pour un sportif. Néanmoins, tous n'adhèrent pas à cette pratique, qu'ils jugent parfois trop passive, voire soporifique.

J'ai pour ma part retenu et mis en avant une notion spécifique en tant qu'outil de concentration : la focalisation sur la respiration.

L'idée majeure dans cet exercice revient à se focaliser principalement sur **le parcours de l'air** dans notre corps. Ce faisant, l'esprit est concentré sur son intérieur et non sur des problématiques extérieures. C'est d'une simplicité et d'une efficacité redoutables.

Ne penser à rien, s'apaiser sont loin d'être aussi faciles qu'il n'y paraît au premier abord. Comme premier exercice, je propose parfois simplement au sportif d'essayer pendant trente secondes d'observer un objet sans penser à rien. Très rapidement, il perçoit la difficulté de l'exercice : arriver à vider son esprit, l'apaiser. Demeurer dans l'instant présent sera grandement facilité par cette courte concentration sur le parcours de l'air.

« *Ce que nous appelons "je" n'est qu'une porte battante qui va et vient quand nous inspirons et quand nous expirons*, décrit Suzuki en référence à l'exercice du zazen. *Ainsi, quand nous faisons zazen, rien d'autre n'existe que le mouvement de la respiration. [...] L'idée du temps ou de l'espace n'existe pas. [...] Nous devrions vivre dans l'instant présent. Quand nous nous asseyons en zazen, nous nous concentrons sur notre respiration et nous devenons une porte battante. [...] C'est la pratique zen »,* poursuit-il. Le principe du zen est associé à l'idée de pratique juste.

Je reprends cette notion avec les sportifs en leur communiquant le principe suivant : **on n'est pas très concentré ou peu concentré. On est à ce que l'on fait ou on ne l'est pas**. On est pleinement dans l'instant présent ou on ne l'est pas. On est dans ce juste état d'esprit, ce juste positionnement mental face à l'événement. Sans notion de qualité. De plus ou de moins. On se retire de l'idée d'un jugement qualitatif face à la concentration.

On n'essaiera justement pas d'être dans « une performance de la concentration ». On sera concentré ou on ne le sera pas. *« Nous disons concentration [...], mais le véritable objet du zen est de voir les choses telles qu'elles sont, d'observer les choses telles qu'elles sont. [...] La pratique du zen consiste à ouvrir notre esprit petit. La concentration est seulement une aide pour réaliser "l'esprit vaste" »,* conclut Suzuki.

Enfin, d'une manière plus concrète et reliée à la compétition, je travaillerai avec les sportifs la notion de concentration à travers l'identification **des facteurs maîtrisables**. Encore et toujours, pour le sportif, le travail psychologique passe par une phase d'analyse et de connaissance de soi et de ce qu'il y a à mettre en œuvre.

Ainsi, on s'attardera à **distinguer les facteurs maîtrisables des non-maîtrisables** afin de porter notre attention sur la première catégorie, uniquement. Et de lâcher prise, d'accepter notre incapacité à influencer la seconde catégorie. Ce faisant, le sportif a pour objectif de se mettre dans un tunnel, que je nomme « ***tunnel de la concentration*** » et dans lequel n'existe que ce qu'il doit retenir. Uniquement ce qui sera pertinent pour la performance. L'avant et l'après doivent disparaître. Ne doivent demeurer que le moment présent et les facteurs maîtrisables (cf. schéma 2, p. 172).

— **Les facteurs maîtrisables,** ce sont (par exemple) : la qualité de ma concentration, de ma préparation physique, technique et mentale, de ma détermination, de ma combativité, de ma confiance en moi et, enfin, de ma tentative pour atteindre mon plus haut niveau d'expression.
— **Parmi les facteurs non maîtrisables,** on identifiera : l'arbitrage, la météo, la performance de l'adversaire, la qualité du terrain, le public, etc.

Le sportif concentré sera donc parfaitement conscient de ce sur quoi il peut et doit avoir une influence et de ce qu'il lui est impossible de contrôler. Il doit enfin, dans le principe de la philosophie zen décrite ci-dessus, apprendre à être dans le moment présent.

C'est-à-dire :

— Ni dans la remémoration ou rumination : « *L'année passée, j'ai perdu à ce tournoi/ cet arbitre m'a toujours défavorisé/quel imbécile, comment ai-je pu rater ce point, cette action.* »
— Ni dans l'anticipation : « *Si je gagne ce point, je gagne le match/si je gagne ce match, je dois rejouer demain : je vais être tellement fatigué/si je perds maintenant, après avoir tellement mené, mon coach aura honte de moi.* »

SCHÉMA 2. LA CONCENTRATION

FACTEURS MAÎTRISABLES :

- Stratégie technique
- Stratégie mentale
- Stratégie tactique

Pour conclure sur le sujet, on l'aura compris, la concentration est aussi une démarche personnelle et il s'agira, au fond, de trouver **sa méthode pour atteindre son équilibre**.

Son état mental tout à la fois stable, apaisé et déterminé par rapport à l'objectif. Cet équilibre subtil est forcément à personnaliser car il dépendra de la personnalité de l'individu et du rééquilibrage qui est le sien. Peut-être y aura-t-il la nécessité d'un travail plus axé sur l'apaisement pour une personnalité stressée ou dans le contrôle et, à l'inverse, peut-être plus d'efforts à entreprendre sur l'investissement et de rigueur sur les facteurs maîtrisables pour un sportif en manque de confiance.

En ce sens, trouver sa concentration relève quelque peu du parcours initiatique. **C'est finalement se trouver soi-même en son centre et en son équilibre propres.** Cet équilibre ouvre pour le sportif non seulement la porte à sa haute performance, mais également à sa prise de plaisir et à son épanouissement dans la compétition.

1.4 La détermination et la combativité : la synthèse du mental

> *« L'homme énergique et qui réussit, c'est celui qui parvient à transformer en réalité les fantaisies du désir. »*
> Sigmund Freud
> *(Cinq leçons sur la psychanalyse)*

Dans ce chapitre, nous aurons vu la façon dont les notions de motivation, de confiance en soi et de concentration peuvent être définies et la manière dont elles s'influencent mutuellement. Les notions de détermination[1] et de combativité lors du temps de la compétition forment une sorte de synthèse de l'ensemble de ces notions.

Au final, faire preuve d'une détermination à toute épreuve sur chaque compétition nécessitera d'avoir, dans un premier temps, un projet sportif clairement investi et assumé, puis une importante capacité à rester concentré afin de ne pas être submergé par ses émotions et, enfin, une confiance réelle et profonde en son potentiel. (cf. schéma 3, p. 174).

À cette addition de facteurs, on ajoutera celui des enjeux psychanalytiques (cf. I.3.2), ainsi que la capacité de résilience[2] d'un athlète. La somme de toutes ces notions psychiques contribue à créer le **« moi idéal champion »** (cf. partie précédente), ou projet

1. On distinguera la détermination en compétition du concept de motivation précédemment décrit dans le projet sportif.
2. La résilience peut se définir par le fait, pour un individu, d'être affecté par un traumatisme et de le reconnaître afin de ne pas sombrer dans la dépression et, ainsi, dans la démarche, de s'appuyer sur cet événement afin de se reconstruire. La résilience est donc à considérer comme un système dynamique.

de « sportif parfait » créé par le Moi de l'athlète de haut niveau. C'est la force de cette image qu'il va poursuivre, tenter d'atteindre et/ou de préserver sur le terrain.

SCHÉMA 3. LA DÉTERMINATION

La détermination : ne rien lâcher

La détermination sera donc la volonté farouche de rester conforme aux attributs mentaux, que le sportif aura identifiés et décidé de défendre et/ou de s'attribuer.

> *« En sport, tout demande de la détermination. Les trois D. Détermination, disponibilité, discipline, et la réussite est à portée de main. »*
>
> Philip Roth, *Némésis*

Devenir ce champion que j'ambitionne d'être ne se traduira que dans la seule et unique réalité que reconnaît le monde sportif : la performance.

À titre d'illustration, le parcours d'un champion comme David Douillet ne peut que forcer l'admiration. En détaillant spécifiquement la conquête de son deuxième titre olympique, on peut voir à quel point le projet sportif, la notion de résilience et l'image de champion idéalisé construite par le judoka furent pour lui des notions essentielles. Il lui fallait être à la hauteur de ce qu'il avait construit psychiquement et de ce qu'il avait atteint. Coûte que coûte. Son come-back après blessure et son triomphe aux JO de Sydney constituent l'un des plus grands exploits du sport français.

Retraçons donc son histoire. David Douillet remporte la médaille d'or aux jeux Olympiques d'Atlanta en 1996 en poids lourds. La même année, peu après, il se blesse sérieusement au mollet et à l'épaule droite lors d'un accident de moto. Il doit alors observer huit mois de rééducation. Il écrit dans son livre *110 %* avoir su faire de cet accident une source de motivation nécessaire après avoir déjà tout gagné : « *Curieusement, c'est mon accident de moto qui m'a tiré de ce mauvais pas [...], il m'a donné envie de remonter la pente. Je ne sais pas si j'aurais continué la compétition sans cet événement. Sans doute avais-je besoin d'un nouveau défi.* »

Puis, en août 1998, il est victime d'une entorse au poignet, une blessure qui le prive de compétition pendant plusieurs mois.

En 1999, il doit déclarer forfait pour les championnats du monde de judo, à deux jours de la compétition et ce en raison d'une pubalgie. L'objectif des Jeux de Sydney de 2000 paraît alors compromis, mais Douillet ne renonce pas pour autant : « *Sydney ? Il faudrait qu'on me coupe une jambe pour que je n'y aille pas !* » déclare-t-il dans *L'Humanité*. Les mois suivants, il souffre de nouveaux problèmes au dos et n'effectue sa rentrée qu'un mois avant l'échéance olympique.

Un mois plus tard, le porte-drapeau de la délégation française se retrouve en finale des jeux Olympiques et y affronte le Japonais Shinichi Shinohara, double champion du monde. Et dans un moment télévisuel devenu culte, porté par les commentaires inoubliables de Thierry Rey, David Douillet, en remportant un deuxième titre olympique d'affilée, devint le judoka le plus titré de l'histoire lors des championnats internationaux, avec six titres internationaux majeurs (deux titres olympiques et quatre titres mondiaux).

Thierry Rey fit vivre à la France entière cet émouvant moment qui dépassa le pur cadre sportif et s'adressa à travers son micro au champion, la voie étreinte par les larmes, en ces termes : « *Tu es un dieu vivant ! Tu es un dieu vivant !* » David Douillet annonça sa retraite sportive juste après la compétition.

Dans son livre, David Douillet reprend son rapport à l'engagement et ainsi ce concept de résilience face à la souffrance et à l'échec : « *Ne vous laissez jamais traumatiser par un échec. Songez qu'il ne représente qu'une étape sur la voie du succès. [...] N'oubliez pas que l'on garde ses fiascos en mémoire beaucoup plus que ses demi-succès. Or, si vous vous laissez submerger par la "douleur" de l'échec au lieu de l'analyser positivement, vous ne ferez aucun progrès. [...] Le seul véritable échec consiste à s'être mis soi-même en situation de perdre [...] car la victoire telle qu'on l'entend, en général, c'est-à-dire la réussite d'un plan quel qu'il soit, n'est au fond qu'une étape dans votre développement personnel. [...] Chaque succès vous hisse d'un cran vers la voie de votre accomplissement. Chaque fois que l'on en remporte un, que l'on décroche une promotion ou que l'on grimpe sur un podium, c'est l'aboutissement d'un long processus et d'une démarche complexe, à la fois technique et psychologique, visant à aller plus haut.* »

On voit dans ces propos à quel point l'idée de l'engagement et d'un rapport sain à l'échec ont été creusés, travaillés chez le champion. Et son rapport à la notion de résilience, sans doute non étranger à cela, y est évoqué un peu plus loin, lorsqu'il évoque un événement douloureux de son passé : « *En 1993, j'étais en stage au Japon avec mon copain Thierry. Ce soir-là, on sortait d'un restaurant et, en traversant la rue, Thierry s'est fait faucher par une voiture devant moi. [...] Il est mort sur le coup. Quelques instants auparavant, nous riions ensemble et voilà. Tu ouvres la porte d'un resto, tu fais cent mètres, tu meurs et c'est fini, on éteint la lumière. Le chagrin passé, je me suis dit qu'au regard de ce départ-là, les "petites morts" que nous vivions au cours de l'existence n'étaient que des incidents de parcours.* »

La détermination, c'est bien cette capacité intime à utiliser l'ensemble des facteurs de notre vie, positifs comme négatifs, à notre profit, afin de nous aider à atteindre nos objectifs. La détermination peut donc être appréhendée comme une capacité à convertir toute émotion et à l'exploiter pour notre plus grand bénéfice.

La combativité : l'agressivité sans haine

Si la détermination peut donc se caractériser d'une façon quelque peu philosophique, la combativité se rattache plus directement au terrain. À une notion de duel, de rapport avec l'autre qui vise une domination. Comme pour toute chose, il s'agira de trouver le juste milieu afin d'éviter que si trop caricaturale, l'émotion du combat ne devienne une émotion de haine.

La notion de duel est essentielle dans le haut niveau. À trop vouloir se concentrer sur eux-mêmes et à vouloir « maîtriser » tous les paramètres de la performance, certains sportifs en oublient d'ailleurs souvent cet aspect. L'Autre disparaît. Ne reste plus qu'eux-mêmes : leurs objectifs, leur stress, leurs stratégies.

Mais la victoire (surtout dans les sports d'opposition directe), ce n'est pas seulement bien jouer ou maîtriser sa tactique, c'est surtout et avant tout **prendre le dessus sur l'autre**. On peut mal jouer (ou loin de son plus haut niveau), mais remporter son duel. L'observation de l'autre, de ses failles, la notion de défi, le regard et les attitudes seront tout aussi (voire plus) décisifs dans l'obtention du résultat que le niveau « pur » du sportif. Il faudra gagner son duel. Il faut fondamentalement aimer la confrontation.

Pour ce faire, le sportif va devoir mettre en jeu une certaine animosité et le risque sera donc de basculer dans des émotions trop primitives, qui viendront perturber sa concentration et amener le sportif à perdre le contrôle.

La combativité est une notion positive et compétitive liée au dépassement de soi où l'Autre sert de repère. En sport, l'Autre nous est nécessaire pour nous dépasser. Il nous est utile. En cela, il est tout autant un adversaire qu'un partenaire de notre projet sportif. Le détester et basculer dans la haine serait donc une erreur.

Dans *Sacred Hoops,* Phil Jackson consacre d'ailleurs un chapitre à ce sujet. Il explique la façon dont il a enseigné la combativité sans haine aux Bulls de Chicago de l'ère Michael Jordan : « *Ils avaient été conditionnés depuis le début de leur adolescence à penser que chaque confrontation était un test personnel de virilité. Leurs premiers instincts étaient d'utiliser la force pour résoudre chaque problème. Ce que j'ai essayé de faire, c'est de les amener à s'éloigner de la confrontation et à ne pas se laisser distraire. Si quelqu'un commettait sur eux une faute violente, je leur suggérais de se retourner, de prendre une longue inspiration et d'essayer de rester aussi calme que possible, de manière à garder leur esprit fixé sur l'objectif : la victoire. »*

Le sport est un lieu d'émotions et en tant que psychologue du sport, il me paraît plus qu'approprié de les exprimer. Beaucoup de sportifs trouvent en effet des bénéfices à crier après un beau point pour se booster ou bien après une erreur afin de mieux l'évacuer. Le sportif robot totalement sous contrôle est un cliché, une caricature de la notion de contrôle émotionnel. Il s'agit avant tout de se libérer, de s'affirmer émotionnellement, tout en restant respectueux de l'adversaire et maître de ses pensées.

Parfois, dans la recherche de ce juste équilibre émotionnel, bien évidemment, le sportif pourra connaître des débordements. Cela fait partie de la démarche, de la recherche de soi.

Ne vaut-il pas mieux expérimenter, se tromper et ajuster au fur et à mesure afin de trouver son juste état émotionnel que de privilégier une stabilité crispante ?

Car enfin, le débordement d'émotions, c'est aussi ce qui définit l'individu, comme l'écrit Jules Verne : « *Eh ! Que diable ! Il faut bien bouillir quelquefois ! Dieu nous aurait mis de l'eau dans les veines et non du sang, s'il nous eût voulus toujours et partout imperturbables !* »[1]

---

1. Jules Verne, *Michel Strogoff*.

1.5. La communication et le leadership : aller vers soi pour aller vers l'Autre

▲ L'histoire

ÉLIE : les maux d'Okobo.

Mon modeste scooter peine à achever la montée de cette route escarpée de la Turbie en cette belle matinée d'hiver.

Enfin, mon GPS finit par me confirmer que je suis bien arrivé à destination. Devant la porte se tient mon hôte du jour. Un ancien joueur NBA âgé de 25 ans, international français et actuelle star de son équipe de Monaco. Avant même de travailler avec lui, je connaissais la réputation du joueur. Arrière scoreur ultra talentueux, Élie a également la réputation d'être un fort caractère, parfois difficile à gérer et sujet à beaucoup de frustration en compétition.

Lors de notre premier entretien, il a d'ailleurs fait preuve d'une grande lucidité à ce sujet et s'est montré très ouvert à l'idée d'une collaboration.

Mais entre-temps, ce sacré tempérament qui est le sien, lui a encore joué des tours et il purge une suspension infligée par son club. À l'origine de celle-ci, ont été évoqué des problèmes de comportement, sur le terrain mais aussi dans la communication avec ses coéquipiers.

C'est donc dans ce contexte particulier que le joueur me reçoit à son domicile, afin d'évoquer sa situation.

Il affiche comme souvent un sourire discret et aimable. De l'extérieur, Élie renvoie en fait tous les signes d'une personne calme et posée, loin de l'image du compétiteur impulsif des terrains. Nous prenons ainsi place dans son salon, seulement observé par son gentil « chiot ».

Un impressionnant Carne Corso de 6 mois et pas loin de 40 kg !

J'entame la conversation de la plus classique des manières :

Cédric : « Bonjour Élie, comment vas-tu ? »

Élie : « Écoute ça va... on prend son mal en patience. »

C. : « J'imagine que c'est désagréable à vivre bien sûr, mais est-ce qu'au fond cette période ne peut pas être aussi propice à une remise en question constructive ? On avait évoqué déjà l'idée de progresser dans la communication, le leadership... On peut voir cela comme la bonne occasion du coup, non ? »

É. : « Oui peut-être, c'est vrai... »

C. : « Pourquoi penses-tu que tu as des soucis dans ce domaine, toi ? »

É. : « Eh bien déjà la communication pour moi ça n'a jamais été évident en fait. Moi je suis dans ma bulle. Dans mon truc. Je fais mon jeu... Et quand ça ne se passe pas comme cela devrait... enfin selon moi... eh bien je m'agace. Donc soit cela se voit que je suis frustré, même si je ne dis rien... et si je dis quelque chose bah... c'est sûrement pire », conclut-il souriant.

C. : « Oui j'avais observé cela. J'ai l'impression que tu communiques principalement sur des émotions négatives. Donc sur ce principe : la communication positive, ça serait ça le leadership. Faire part de sa frustration, mais de manière constructive. C'est quelque chose qui t'est difficile ? »

É. : « Je ne sais pas. En fait je pense surtout que je n'aime pas ça. Ou en fait que je n'ai pas envie de le faire. J'ai déjà essayé et ça me coûte beaucoup d'énergie. Après je perds en efficacité et la priorité, ça reste ma performance. »

C. : « C'est-à-dire ? Tu as déjà essayé ? »

É. : « Dans les équipes jeunes par le passé j'avais déjà essayé d'être leader et j'en garde un mauvais souvenir. Donc depuis je me concentre sur moi et sur le fait d'être efficace. »

C. : « Ok je comprends. Mais de par ton poste de jeu, cela pose quand même un problème. (NDA : *Élie joue à un poste où il a beaucoup la balle en main et peut être assimilé à un meneur de jeu*). Au final, que tu le veuilles ou non, tu communiques. On communique toujours de manière contrôlée ou incontrôlée. Mais on communique. C'est tout. C'est juste que tu communiques principalement des émotions négatives et cela, eh bien ça entraîne aussi des répercussions sur ta performance individuelle. Déjà d'un point de vue très pragmatique lorsque tu communiques mal, ou principalement sur du négatif, prenons par exemple le cas d'un système de jeu mal exécuté où c'est toi qui dois faire la passe, eh bien ça augmente le pourcentage de chance que le ballon soit perdu ou que tu ne fasses pas une passe décisive. Donc cela affecte aussi ta performance. Ça déjà c'est un premier point. Es-tu d'accord avec cela ? »

Je le vois très concentré et pensif par rapport à mes réflexions. C'est d'ailleurs une posture qu'il conservera de façon récurrente dans nos séances. Élie écoute et n'interrompt pas. Il absorbe puis commente. Encore une fois de façon très mature et calme. Dans l'exemple de terrain que je viens de lui donner, ma connaissance spécifique du sport m'aide à aborder des parties plus théoriques avec le joueur de façon concrète. Et donc à mieux capter son attention. Un souci de communication pour un sportif de haut niveau, c'est une chose. Mais un souci d'efficacité, de rendement personnel, c'est autre chose…

Je suppose que ma démonstration à ce moment précis lui parle et d'ailleurs il me le confirme.

É. : « Oui c'est vrai ce que tu dis. Je ne l'avais pas forcément vu comme ça. »

C. : « Ok donc ça c'est déjà un premier point : le fait que peu, ou mal communiquer, ça va aussi pénaliser ta performance individuelle. Mais en conséquence, cela impacte aussi forcément la performance collective. Car évidemment lorsque la communication collective est mauvaise dans une équipe, cela impacte aussi la performance collective. Or ce n'est pas que de ton fait, certes, mais tu participes involontairement à ce mauvais niveau de communication collective. Et après c'est un cercle vicieux. La baisse de performance collective peut également jouer sur tes émotions et donc à nouveau sur la qualité de ta communication.

Car comme je sais que tu es très compétiteur et que tu aimes gagner, il est probable que quand l'équipe déjoue, dans un phénomène de rétro-feedback immédiat, le simple fait de voir que tu ne peux pas contribuer à ce que ton équipe joue aussi bien que ce tu souhaiterais, cela t'affecte aussi personnellement très certainement. Le fait de ne pas pouvoir changer le cours des choses, c'est aussi une frustration. Est-ce que là aussi tu es d'accord avec cette hypothèse ? »

Pensif quelques instants, il acquiesce :

É. : « Non je suis d'accord, je suis très compétiteur. Je veux gagner tout le temps et c'est vrai que lorsque j'ai l'impression que mes coéquipiers et moi on ne se comprend pas, ça me frustre et après ça affecte surement autant ma performance que le jeu d'équipe. »

C. : « Bien, c'est intéressant que cela te parle. En fait ce que cela te démontre : c'est que malgré tous tes efforts, tu ne peux pas te couper de la performance collective. Dans un sport collectif, tu es toujours lié à tes partenaires d'une manière positive ou d'une manière négative. Donc la question ce n'est pas de savoir si tu dois, ou pas, communiquer. Mais plutôt de savoir comment communiquer de la meilleure manière. À la fois pour que cela te serve toi, dans ta performance, mais aussi, pour que cela serve l'équipe, qui en retour te renverra une énergie positive.

Car entre un groupe et un joueur, ce sont des vases communicants. Ils sont liés et s'influencent mutuellement. Ils se nourrissent l'un l'autre, en bien ou en mal. Donc cela va effectivement te coûter moins d'énergie avec une bonne communication parce que tu vas aussi te nourrir de la positivité que te renverra le groupe. »

É. : « Oui je comprends, c'est intéressant ce que tu dis. Après je ne suis pas sûr de comment faire... »

C. : « Bon, on a le temps pour le travailler, mais l'essentiel c'est déjà d'entendre les choses. De les accepter et d'être prêt à opérer des changements. On a déjà fait un premier pas intéressant », dis-je, optimiste. « La première chose à faire c'est d'identifier ce qui provoque le plus de frustration et de colère chez toi. Et ensuite d'envisager comment on peut communiquer d'une manière plus positive ou bien, si cela n'est pas possible, peut-être de ne pas communiquer et d'arriver à gérer l'émotion de colère ou de frustration qui est associée à cet événement, sans que cela ne nuise à toi ou à l'équipe. Le but ne sera pas que tu deviennes un moine bouddhiste et que tu ne ressentes aucune émotion, je te rassure ! »

É. : « Ok ça va alors », répond-il en riant.

C. : « Les émotions, on en a besoin. Même les émotions qu'on qualifie de négatives comme la colère ou la frustration. Elles peuvent nous être utiles, nous amener à avoir plus d'énergie, plus de révolte, plus d'égo, ou de compétitivité... Donc le but c'est que tu restes toi-même mais qu'on arrive à optimiser les bons côtés de ton caractère et à minimiser les conséquences plus négatives de celui-ci. »

É. : « Je vois », dit-il. « Écoute on peut essayer en tout cas… »

C. : « Eh bien voilà une belle vague d'optimisme déjà ! C'est encourageant », dis-je en conclusion.

Nous travaillerons par la suite de façon très régulière pendant la suite de la saison. Tout ne fut pas parfait bien sûr. Il y a eu des hauts et des bas. Mais Élie aura beaucoup progressé dans sa stabilité émotionnelle, de son point de vue et du mien, et au final, comme il le dira lui-même dans une interview de fin de saison (achevée sur un 2e titre de champion de France consécutif), cet épisode de suspension fut somme toute bénéfique pour lui.

Car cette interruption forcée lui ouvrit en conséquence la porte à un travail sur soi et à une meilleure compréhension de son fonctionnement.

Ce qui constitue en soi déjà une énorme avancée pour tout sportif de haut niveau.

▲ L'analyse

La communication pour les sportifs de haut niveau est rarement une évidence.

Qui plus est à l'ère des réseaux sociaux et des écrans omniprésents. Les jeunes interagissent moins entre eux de façon directe et leurs « communication skills » s'en retrouvent impactés.

Dire, parler, conseiller, ou critiquer c'est au final toujours prendre un risque. Risque d'être mal compris, de blesser involontairement ou de renvoyer la mauvaise image.

Alors peut être vaut-il mieux se taire ?

On aura par exemple vite fait d'être perçu comme arrogant si on affichait un peu trop de confiance en soi. Et à l'inverse, on ne manquera pas de pointer du doigt un manque de détermination, si toutefois le sportif paraissait découragé ou pessimiste après une performance décevante.

Il n'en reste pas moins que pour les sportifs, qui plus est ceux ayant la charge d'une animation offensive, des créateurs (comme Élie dans notre exemple), la communication n'est pas simplement un « *plus* », elle est souvent une nécessité, une compétence à développer, au même titre que la confiance en soi ou la concentration.

Elle obligera ainsi le sportif à devoir sortir de la coquille, dans laquelle il tente tant bien que mal de contenir son flux d'émotions, et d'entrer en interaction avec les autres et ce, dans le feu de l'action. Ce qui peut paraître évident à l'origine (devant notre télévision) peut s'avérer particulièrement délicat, dans le volcan émotionnel que s'avère être un match de haut niveau. La communication devient alors redoutablement délicate dans ce contexte et souvent à double tranchant.

Pour communiquer, nombre d'aspects du mental seront alors mis en jeu : mes propres émotions, ma lucidité, mes projections, ou encore mon perfectionnisme.

Un « *savoir communiquer* » parfois ignoré ou mal appréhendé des sportifs. À qui on n'a souvent pas donné le mode d'emploi, il faut bien le dire aussi.

La CNV

En effet il y a « *dire* » et le « *comment dire* ». Comment dire pour comment se faire entendre ? Sur ce point j'explique souvent aux sportifs (et entraîneurs) avec lesquels je collabore, les principes de la **CNV** : la Communication Non Violente. La Communication Non Violente a été développée dans les années 1960 par le psychologue américain **Marshall B. Rosenberg**.

Inspirée par les travaux de Carl Rogers et les principes de la non-violence, la CNV repose sur le principe que nos conflits naissent souvent d'une mauvaise communication et d'un manque de compréhension mutuelle.

Dans son livre *Non Violent Communication : a Language of Life*, de 1999, Rosenberg en décrit le principe de base, qui est de favoriser une expression bienveillante tout en étant à l'écoute des besoins des autres. La méthode s'articule autour de quatre étapes :

1. **Observation** : Décrire une situation sans jugement.
2. **Sentiments** : Exprimer ses émotions liées à cette situation.
3. **Besoins** : Identifier les besoins qui se cachent derrière ces émotions.
4. **Demande** : Formuler une demande concrète, claire et respectueuse pour répondre à ces besoins.

La CNV dans sa définition vise à transformer les conflits en opportunités d'échanges et à promouvoir des relations harmonieuses, basées sur la compréhension de l'autre et le respect mutuel.

Expliquer ces principes à un sportif peut déjà entraîner chez lui une évolution dans le regard qu'il porte sur sa propre communication. En appréhendant sa communication en tant que compétence à développer et pas seulement en termes de qualité naturelle innée. Presque au même titre qu'une compétence technique par exemple. Ensuite l'application des principes de la CNV implique pour le sportif de mieux identifier ses émotions et donc à développer une meilleure introspection.

L'ouverture au dialogue avec les autres, on l'a vu dans notre exemple, nécessite donc fréquemment un approfondissement de la connaissance de soi. **Cette meilleure**

connaissance de soi ajoutée à une meilleure communication, c'est le point de départ du leadership.

Le leadership

Le leadership dans le sport de haut niveau consistant à inspirer, motiver ou guider ses coéquipiers, il repose ainsi autant sur des compétences techniques et physiques que sur l'intelligence émotionnelle. Et le développement de cette intelligence émotionnelle se construit à travers l'amélioration des qualités introspectives des joueurs. Comprendre mes réactions, afin de les accepter, de les gérer, et ainsi d'optimiser l'énergie suscitée par mes émotions. Toutes mes émotions. Y compris les émotions dites négatives comme la rage ou la colère. D'ailleurs certaines **études**[1] ont démontré un lien entre colère et créativité, mettant en avant l'idée que même une émotion dite « négative », si canalisée, peut s'avérer être un atout pour un sportif. Un concept qui inspirera d'ailleurs beaucoup Phil Jackson (ex-coach légendaire de NBA) dans sa manière de considérer et de gérer des joueurs à fort caractère tout au long de sa carrière.

Le leadership renvoie également à une notion d'exemplarité. À travers le comportement sur et en dehors du terrain. Sur le terrain, on parlera donc de *body langage* (langage corporel) positif ou négatif. Des attitudes extérieures positives qui renverront souvent à l'idée d'une

---

1. *Dans le* Journal of Experimental Social Psychology *ou le* Cambridge Handbook of Creativity *des études ont établi un lien entre la colère et la créativité, en montrant que cette émotion peut temporairement augmenter la capacité à générer des idées originales. Selon des recherches menées par Matthijs Baas, Carsten De Dreu et Bernard Nijstad (référence : « Creative Production by Angry People Peaks Early On, Decreases over Time, and is Relatively Unstructured », 2011), la colère favorise un état d'énergie et une pensée flexible, ce qui permet de passer rapidement entre différentes idées et de produire des associations nouvelles.*

maîtrise émotionnelle face à l'adversité, ou encore à une capacité de révolte, d'encouragement et de dépassement de soi pour le collectif mais toujours de façon contrôlée. Et encore une fois, qui dit « *contrôlée* » dit : « *capacité à identifier nos propres émotions rapidement* » et à les gérer du mieux possible. Arriver à rapidement identifier un trop plein émotionnel, ressentir une limite qui pourrait faire basculer le sportif du mauvais côté de l'émotion (de la révolte communicative à la colère ou la rage par exemple) nécessite une réelle connaissance de soi. Une connaissance de soi qui aurait été travaillée en profondeur et en amont par le sportif.

On n'improvise pas sa gestion émotionnelle : on la travaille

Bien sûr cela se fait souvent aussi naturellement dans le temps, avec l'expérience et la maturité, mais pas systématiquement. La maturité des sportifs sur le terrain, ce serait dans cette logique une forme de précocité émotionnelle. On se comprend, on s'appréhende, on se gère plus rapidement et plus efficacement que d'autres au même âge, tout simplement.

Pour devenir un bon communicant ou un bon leader, il s'agira donc pour tout sportif de savoir s'appréhender dans sa globalité. Sans déni, ni mensonge à soi-même. Savoir se regarder en face sans concession. En sachant différencier une image projetée de confiance en soi parfois nécessaire à la construction de son projet sportif et la réalité naturelle de ses doutes, de ses failles et de ses craintes.

Un travail d'honnêteté et de lucidité, vis-à-vis de soi en somme, loin d'être évident.

2

La gestion des émotions : le moteur de l'âme

2.1 Le rapport à l'injustice : une thématique majeure

▲ L'histoire

Alexis Ajinça : l'histoire d'un come-back

Février 2012

Le Hall Rhénus, la salle de basket-ball de la ville de Strasbourg, est en ébullition. Tous attendent l'explosion annoncée de l'ex-prodige du basket français. Un géant filiforme de 2,15 m, aux bras interminables et aux doigts de fée : Alexis Ajinça.

Ce *project* (ou « gros potentiel », en français), comme on dit aux USA, n'a pas confirmé lors de son passage NBA et tente de se relancer en Europe. Mais à vrai dire, peu y croient vraiment dans le microcosme du basket-ball français.

Trop « *faible mentalement* », trop « *immature* », trop « *soft* », etc. Les critiques ont fusé sur celui qui est encore un jeune homme d'à peine 23 ans, parti tôt, bien trop tôt sûrement, tenter une aventure américaine, qui tourna au fiasco. Trois années sans quasiment jouer et en passant successivement par Charlotte, Dallas et

Toronto. Partout, même constat : beaucoup de talent, mais pas assez dur, pas assez combattant et aguerri pour la grande ligue nord-américaine, qui constitue le rêve ultime de tout jeune basketteur.

« *Quel gâchis* », me dis-je en le voyant déambuler, visiblement sans grand entrain, sur ce terrain de Pro A. Je garde le souvenir d'un jeune homme charmant et rieur, lors de ces années à l'Insep. Il n'avait que 16 ans, alors. C'est bien loin, tout cela, maintenant.

Et le moins que l'on puisse dire, c'est que les critiques ne vont pas cesser au sujet de sa performance ce soir. Alexis s'agace, se frustre, s'énerve. Il peste contre les arbitres, rate des paniers faciles. Il joue à l'envers... Comme souvent, malheureusement.

Oui, ce n'est pas gagné pour lui et son coach, également entraîneur de l'équipe de France, Vincent Collet, qui doit se demander pourquoi ce joueur affichant autant de facilités techniques et avec deux têtes de plus que tous ses adversaires s'évertue immanquablement à tirer à 3 points, alors qu'il lui serait si facile de se rapprocher du panier pour dominer toute opposition...

Comme probablement son coach, le public lui aussi s'interroge et s'agace, devant les prestations de l'ex-NBAer, qui n'arrive toujours pas à confirmer les espoirs placés en lui...

Y arrivera-t-il seulement un jour ? C'est bien la question, mais à ce moment-là, ce n'est pas un océan qui le sépare des États-Unis, c'est une galaxie...

Bien que cela me désole, ce n'est pas lui que je viens observer ce soir. Je suis venu voir un autre joueur de l'équipe avec lequel je travaille en préparation mentale. Pour mon « protégé », tout se passe plutôt bien. Je prends méthodiquement des notes sur mon téléphone portable pour préparer la séance de débriefing qui suivra, alors que le match s'achève sur une défaite du club local.

La salle est presque vide, à présent. Demeurent seulement quelques supporters indéfectibles, guettant la sortie des joueurs pour leur demander des autographes et photos souvenirs. J'ai pu m'entretenir avec mon joueur et nous nous disons au revoir quand j'aperçois dans les gradins, quelques rangées plus bas, le grand Alexis.

Il se prête, comme toujours et avec gentillesse, au jeu des photos auprès de quelques bambins lui arrivant à peine à la taille et tout émerveillés devant l'immensité de cet humain pas comme les autres. Mais je vois bien que son visage est fermé et qu'il contient tant bien que mal sa déception. Je décide d'aller le saluer. Cela fait bien des années que nous nous sommes parlé. Se souviendra-t-il seulement de moi… ?

Cédric : « *Bonjour, Alexis. Comment vas-tu ? Tu me remets ?* »

Alexis : « *Oui… ! Cédric. Bien sûr que je me souviens. Comment vas-tu ? Qu'est-ce que tu deviens ? Toujours à l'Insep ?* » me demande-t-il.

Nous échangeons alors quelques minutes en nous remémorant quelques bons vieux souvenirs. Finalement, Alexis me demande : « *Ce serait possible de travailler avec toi ? Je crois qu'il faut que je règle des choses mentalement.* »

C. : « *Bien sûr, Alexis. Avec plaisir. On peut organiser cela.* »

Rendez-vous est pris quelques jours plus tard et nous ferons notre première séance le jour même d'un match contre Nanterre.

Ce jour-là, Alexis me livre son émouvante réalité. Son départ plein d'espoir pour les États-Unis, le rêve NBA qui lui tend les bras, un salaire confortable, des salles pleines, les fans qui acclament, la vie de rêve, en somme…

Et puis les problèmes arrivent. Pas assez fort physiquement, pas assez dur mentalement. Il était parti pour conquérir le monde de la NBA et le voilà de retour, un peu embarrassé de cet échec. Et à présent, il peine à conquérir le plus modeste championnat français qu'il pense pouvoir dominer de la tête et des épaules.

Pour lui, c'étaient avions privés, hôtels de luxe et le flamboyant Madison Square de New York… Maintenant, ce sont d'interminables heures de bus, des chambres aux lits un peu étriqués pour lui et les modestes salles « familiales » du championnat de France. Comme un brutal retour en arrière. Comme si tout cela n'avait été qu'une parenthèse enchantée.

Alexis me raconte tout. Avec honnêteté et pudeur, comme il le fera souvent. Il se souvient du début de notre collaboration : « *Au départ, je parlais davantage de choses personnelles. C'était un travail parfois difficile, mais nécessaire, je pense. J'avais perdu quatre de mes proches le même été. Ce n'était bien sûr pas facile de passer le cap. Ensuite, le travail a évolué.* »

Le décès de son père, alors qu'il était à un rassemblement de l'équipe de France, l'a profondément affecté. Les critiques nombreuses et parfois excessives à son sujet aussi. Alexis est fragilisé. À fleur de peau. Il vit tout cela comme une injustice. La plus importante étant bien sûr la perte trop rapide de son père. Et c'est toute cette thématique qui est devenue à présent ultrasensible.

Le moindre coup de sifflet de l'arbitre qui ne lui paraît pas mérité le met en rage. Fait écho à cette notion d'injustice. Comme une plaie ouverte que l'on ne pourrait qu'effleurer. L'injustice, il n'en peut plus. Et le problème est qu'il la voit partout... Comme pour toute personne victime de ce qu'il estime être une injustice profonde, il oscille entre colère et tristesse. Entre rage et dépit. « *Pourquoi moi ? Pourquoi suis-je encore pénalisé ?* »

Comme un acharnement de la vie, qui serait devenu un acharnement dans sa vie sportive, avec les arbitres comme intermédiaires. Symboles physiques et concrets. Comme des exécuteurs de ces choses qui ne devraient pas m'arriver... Et qui m'arrivent quand même. Face à cette injustice-là, il a un interlocuteur. Il peut réagir. Faire part de sa révolte. Alors il le fait. Pire, Alexis ne prend plus de plaisir à jouer. Au fond, il ne veut pas vraiment être là... en France.

Il n'est pas très heureux en ce moment. Il rêvait plus grand, plus beau, plus fort... On ne parlera pas de cauchemar, mais plutôt d'une mélancolique désillusion.

Pendant plus d'une heure, dans une petite salle discrète de son hôtel, Alexis va se confier.

Il va me « lâcher » ce qu'il n'a pu lâcher à personne auparavant, même parfois à ses proches. Certains moments ne sont pas évidents pour lui. Mais courageusement, il évoque sans détour ses tourments. L'heure du match approche pourtant et il nous faut conclure.

En guise de conclusion, je lui donne quelques conseils simples : « *Prendre du plaisir, ne pas s'énerver contre les arbitres, s'éclater, dominer, être en pleine expression...* » Se libérer, en somme.

« Même si tu rates des shoots, ce n'est pas grave, mais amuse-toi. Tu dois essayer d'être content d'être là. Tu es un joueur de basket-ball professionnel qui exerce son métier. C'est une chance. Profite. Joue. Éclate-toi. Le basket, ça doit être un plaisir pour toi », lui dis-je.

Impossible de savoir réellement si ce fut le fait de se confier ou ces quelques recommandations simples avant de prendre congé de lui, ou bien encore rien de tout cela qui aura joué dans son esprit, mais toujours est-il que dans les heures qui suivirent, le gentil Alexis redevint le monstre Ajinça et qu'il éclaboussa la rencontre de tout son talent.

« ***Dans un grand soir*** » titrèrent *Les Dernières Nouvelles d'Alsace*, photo d'Alexis à l'appui en pleine page. Avec des statistiques exceptionnelles, 27 points, 8 rebonds, 8 interceptions et 5 contres, il avait donné la victoire à son club (établissant au passage ses records personnels aux points et aux interceptions). Mais bien au-delà : Alexis avait retrouvé le plaisir et l'envie.

Bien sûr, il nous resta beaucoup de travail et son coach, en fin psychologue, fut aussi pour beaucoup dans son évolution. Mais la thématique centrale resta pendant longtemps la gestion de sa colère et de sa frustration, comme en témoigne aujourd'hui Alexis : « *Oui, c'étaient des aspects difficiles à gérer pour moi. Je pense que c'était sûrement lié à l'échec que j'avais connu en NBA et aux critiques reçues par la suite. J'ai eu le sentiment de repartir de la case départ en revenant en France. Ce n'était pas évident.* »

Mais Alexis s'accrocha et pendant plusieurs années, nous avons donc poursuivi régulièrement notre travail ensemble. Il apprit à relativiser, à mieux se connaître et donc mieux se gérer sur le terrain : « *Le travail avec*

Cédric m'a permis de beaucoup mieux comprendre mes réactions. Par la suite, j'étais capable d'être moins impulsif, de me calmer et d'aller de l'avant. Je dirais que j'ai globalement appris à me canaliser et à être plus positif. Je relativise beaucoup plus les choses. Par rapport à l'arbitrage, par exemple, je me dis que l'arbitre ne va pas changer d'avis, que cela ne sert à rien de trop parler... J'en ai beaucoup parlé avec lui. Aujourd'hui, je gère cela beaucoup mieux. J'arrive à faire abstraction. »

Mais son objectif demeure encore et toujours de retourner en NBA. Inlassablement. Eh non... On ne lâche pas un rêve si facilement. À son retour en France, Alexis ne pouvait même plus supporter de regarder des images de la NBA car cela ravivait trop sa frustration, il s'est maintenant pleinement réinvesti dans ce projet. Il est, nous sommes, en mission. Le projet : destination NBA.

Un an plus tard, Alexis dispute les finales du championnat de France et manque de peu le titre de meilleur joueur de la saison. L'année suivante, après un début de saison tonitruant en France comme en Euroleague, tous les espoirs lui sont permis. Mais en ce soir de décembre 2013, je m'inquiète. Alexis sort d'une piètre performance avec son club et je lui envoie alors mon habituel message de soutien.

Cédric : « *Comment vas-tu ? Pas trop déçu ?* »

A. : « *Ça ira. Ne t'inquiète pas* », me dit-il par SMS.

C. : « *On se parle demain pour débriefer comme d'habitude ?* »

A. : « *Non...* »

C. : « *Pourquoi ? Tu n'es pas dispo ? Tu as entraînement ?* »

A. : « *Non... NBA...* »

Ne pouvant me contenir, je poussai un cri de joie si puissant que ma tendre épouse endormie à mon côté sursauta tant que je ne craignis qu'elle ne percute le plafond...

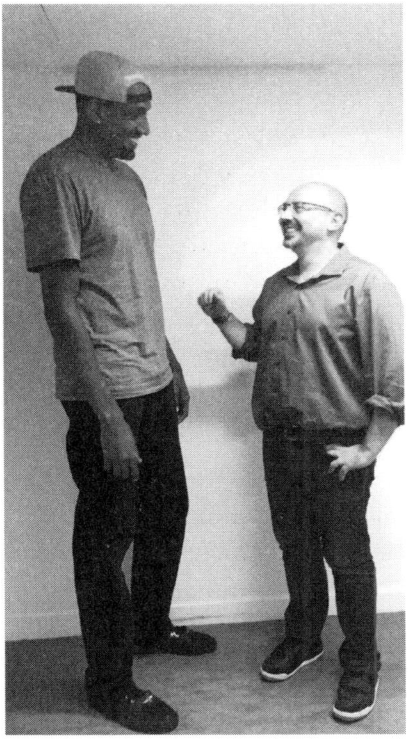

Cédric Quignon-Fleuret et Alexis Ajinça,
basketteur NBA chez les New Orleans Pelicans.

En effet dès le lendemain, Alexis s'envola pour La Nouvelle-Orléans, où il rejoignit l'équipe des Pelicans, séduite par le renouveau du joueur, qui avait glané entretemps, un titre de champion d'Europe avec l'équipe de France en tant que pivot titulaire. Le premier titre européen de l'histoire pour la France. Au cours de ce même été 2015, les Pelicans prolongèrent le contrat d'Alexis pour trois années supplémentaires et, un bonheur ne venant jamais seul, il épousa sa compagne, avec lequel il était déjà l'heureux papa d'un magnifique petit garçon.

Alexis est aujourd'hui un homme apaisé. Dans sa tête, dans son cœur et sous les paniers. Rien ne pouvait me faire plus plaisir…

▲ L'analyse

La pratique du sport de haut niveau est intimement liée à l'idée de sacrifices. Ainsi le (la) jeune sportif (ive) attendra légitimement une récompense ou, au minimum, une reconnaissance pour ses efforts et ses succès éventuels. Ce faisant, son rapport à l'injustice sera particulièrement fort et l'une des raisons les plus fréquentes d'éventuelles pertes de concentration.

En effet, le sportif de haut niveau n'échappe pas à la règle psychique qui vaut pour chaque individu : nous sommes tous porteurs des failles, de zones plus particulièrement sensibles, en fonction de notre histoire de vie et de notre vécu. Telle une vieille blessure qui se ravive sitôt que l'on sollicite le muscle concerné. Lorsque l'on touche à l'idée d'injustice pour un SHN, il s'agit dans son univers d'une zone extrêmement sensible.

On peut distinguer deux portes d'entrée à cette notion d'injustice dans le rapport à la performance (sachant que ces deux entrées peuvent coexister chez le même sportif) :

— **Une sensibilité générale** vis-à-vis de ce thème, lié à la notion d'efforts fournis et de légitime récompense ; (et/ou)

— **Une sensibilité** plus particulière (comme dans le cas ci-avant d'Alexis) **liée à un ou des traumatisme (s) survenu (s) dans l'histoire de vie**.

La première porte d'entrée à cette sensibilité est donc commune (et plus ou moins développée) à tous les sportifs. Ces derniers fonctionnant dans un raisonnement ancré en eux dans le temps : « *Si je fais tous les efforts, je dois en toucher la récompense. Le travail paie, donc, on ne saurait m'en priver.* »

L'injustice ressentie vis-à-vis d'une erreur d'arbitrage, d'une non-sélection ou de tout autre aspect classique dans le cadre de la compétition peut donc rapidement créer une émotion vive, débordante et difficile à contrôler chez les athlètes. Là où cette notion devient complexe, c'est qu'évidemment, plus il s'agira d'un domaine sensible chez l'athlète, plus son objectivité en pâtira.

Entre l'injustice perçue et l'injustice réelle, il y a souvent un écart majeur et difficile à percevoir sur le moment, étant donné les niveaux de fatigue et d'investissement émotionnel en jeu au moment de la compétition.

La deuxième porte d'entrée consiste en un traumatisme survenu dans la vie du sportif, qui aura créé une sensibilité particulière relative à ce thème. Dans notre exemple, Alexis a vécu comme une profonde injustice la perte précoce de plusieurs de ses proches, ainsi que beaucoup des critiques liées à son échec lors de son premier passage en NBA.

D'autres sportifs auront pu vivre des événements plus communs dans leur histoire de vie, ou parfois dans leur enfance, mais avec une intensité psychique comparable : divorce des parents, séparation amoureuse, infidélité du conjoint, départ d'un des parents, etc.

Un événement, tout aussi banal ou classique qu'il soit en apparence, ne signifie pas pour autant qu'il n'a pas laissé de traces, de séquelles relatives à cette thématique de l'injustice dans l'inconscient de l'athlète.

Enfin, d'autres auront connu des événements où la part interprétative est moindre, voire nulle : humiliation à l'école, harcèlement, bizutage, violence verbale ou physique sur leur personne ou des membres de leur famille, agression sexuelle, perte de proches, etc.

La gravité et la portée de ces événements ne signifient pas pour autant qu'il soit facile pour les sportifs concernés de prendre conscience de leur sensibilité par rapport à ce thème de l'injustice. **Encore faut-il qu'ils donnent une légitimité à ces traumatismes et donc à leurs ressentis.** Qu'ils aient conscience de l'impact de ces événements sur leur psychisme. Car c'est là que cette notion est particulièrement complexe et ambivalente.

S'appuyant sur une notion de résilience et/ou par la force du Déni, **nombre de sportifs auront également puisé dans ces injustices afin de trouver l'énergie, la rage nécessaires afin de surmonter les obstacles inhérents à la pratique du haut niveau**. Dans un processus proche de la sublimation[1], ils auront « utilisé cette blessure de l'âme » et ainsi favorisé le dépassement d'eux-mêmes.

Bien sûr, ce type de fonctionnement a un coût : une sensibilité extrême vis-à-vis de cette notion, entraînant à terme une difficulté majeure du contrôle émotionnel en compétition, sans parler des conséquences sur l'équilibre de vie. Il va en effet de soi que la sensibilité relative à cette notion, même si elle est plus flagrante dans le cadre sportif, ne s'arrêtera pas là et débordera souvent dans la vie privée des champions. Qu'il s'agisse de leur vie amoureuse, professionnelle ou familiale. La notion d'injustice restera hypersensible dans leur quotidien. **Ainsi, si cette**

1. La sublimation est un concept freudien défini pour la première fois en 1905 dans *Trois essais sur la théorie sexuelle.* On y fait notamment référence à l'idée d'une transformation de l'énergie sexuelle (libido) dans d'autres domaines, notamment artistiques. Ici, on parle du simple fait de transformer un traumatisme douloureux en une énergie positive.

dernière n'est pas identifiée et prise en compte par le sportif, il pourra s'enfermer dans un schéma quelque peu paranoïaque et autodestructeur.

Comme pour les blessures du corps, les blessures de l'âme nécessiteront également d'être identifiées, prises en charge et finalement soignées afin d'être apaisées et laisser le sportif tranquille, en paix et sans peur de la répétition.

En effet, quand le corps ou l'esprit ont été rudement marqués, qu'ils ont connu un choc violent, on parle dans ces deux cas de **traumatisme**. Et dans les deux cas, la peur majeure restera la même : **la crainte de la répétition**.

Dans un processus courageux, il faudra à nouveau, pour le sportif visant la pleine expression de son potentiel, trouver une capacité à travailler ces éléments douloureux afin de conserver un équilibre mental sur le terrain et ne pas surréagir lorsque cette notion sensible sera mise en jeu.

Un travail jamais évident car, comme l'écrit Victor Hugo, parfois « *les mots manquent aux émotions* »[1].

2.2 La frustration et l'impatience : un curseur délicat à régler

Peut-on évoluer au plus haut niveau sportif en étant patient ou est-ce là un contresens ? Un sportif de haut niveau se construit à travers sa capacité à atteindre des objectifs et, dans cet univers, la précocité constitue sinon une nécessité, bien souvent un atout.

Plus vite le sportif progresse-t-il, plus il se donne de chance d'atteindre un niveau d'élite, semble-t-on penser. Alors entre **l'impatience** inhérente et quasi nécessaire à la pratique sportive et un sentiment permanent **d'insatisfaction** ou de non-réalisation, la frontière est

1. *Le Dernier Jour d'un condamné*, Victor Hugo.

fine. Le sportif navigue entre ces notions d'une façon relativement dangereuse pour lui, car il peut rapidement s'y perdre et avoir du mal à distinguer ce qui lui est nécessaire de ce qui devient un comportement presque pathologique d'insatisfaction (notion que nous reprendrons plus loin en évoquant le « perfectionnisme »).

Nombreux sont les sportifs qui m'ont témoigné leur crainte de pouvoir exprimer de la satisfaction et pas uniquement au niveau de la « perf », ce processus agissant souvent comme tache d'huile sur le rapport à soi. La satisfaction devient globalement dangereuse. Elle est interprétée comme un signe de relâchement ou d'un manque d'investissement. Comme s'il s'agissait d'un mot tabou dans cet univers, on ne prononce que rarement ce mot de « satisfaction ».

Une sportive me confia lors d'un entretien, suite à une victoire majeure pour elle, être clairement angoissée par cette idée et donc, consciemment, de la rejeter : « *Je n'arrive jamais à me dire que c'est bien… Que je peux être satisfaite. Cela me fait peur. Pas que dans le sport, mais en général. Dans les études aussi, par exemple… Quand on est autosatisfait, c'est que l'on se laisse aller, non ? On ne va plus faire d'effort ?* » Stratégiquement, le sportif peut donc consciemment faire le choix de l'insatisfaction permanente.

Le paradoxe est là : **l'esprit a besoin de renforcement positif, autrement dit de satisfaction, afin de développer la confiance en soi**. Or, dans ce monde de l'excellence, on n'est jamais vraiment satisfait. Sitôt l'objectif atteint, il faut se remettre en selle et viser plus haut. Il s'agit d'un mouvement permanent, souvent relayé par des entraîneurs dupliquant (inconsciemment) un système qu'ils ont très souvent eux-mêmes connu (ou subi) en tant qu'anciens sportifs de haut niveau, chose qu'ils étaient fréquemment avant leur reconversion.

Mais le sportif reste un humain, donc un être « fragile » (malgré les représentations de force qui lui sont associées). Son psychisme a, comme tout un chacun, besoin de satisfaction, de réconfort, d'encouragement afin de se construire et se solidifier. Si parfois, il trouve ces éléments dans son environnement familial et/ou sportif (car certains entraîneurs ont bien sûr parfaitement intégré cette notion structurante et savent jouer habilement entre exigence et encouragement), il demeure que **la fonction même de la satisfaction reste bien souvent consciemment perçue comme un danger par l'athlète**.

Une rencontre avec l'absence de reconnaissance

J'ai été confronté très tôt à cette notion dans ma carrière. Lors de l'une de mes premières expériences en tant que préparateur mental pour une fédération sportive, je menais une première série d'entretiens avec l'ensemble des équipes de France masculines et féminines, appelées à se rendre, peu après, aux championnats du monde. Je me trouvai ainsi face à une femme en fin de carrière exerçant un sport de combat, afin de procéder à un entretien préliminaire visant à évaluer les axes de travail éventuels au niveau mental. Logiquement, je commençais chacun de ces entretiens par les questionner sur leur parcours et palmarès respectifs.

Cette dernière évoqua successivement pléthore de titres nationaux et européens sur plus de dix années de carrière. Je commentai alors simplement ou naïvement le détail de son formidable parcours : « *C'est très impressionnant. Bravo, vous avez fait une très belle carrière.* » D'une voix fragile, elle émit alors un discret « *merci...* ». Puis, soudainement et sans prévenir, des larmes coulèrent sur son visage. J'en fus le premier surpris.

Elle s'en excusa immédiatement, comme si elle avait commis une faute, avant de me donner la raison de son émotion : « *C'est la première fois de ma vie que l'on me dit que c'est bien, ce que j'ai fait...* »

J'arrêtai alors l'entretien « guidé » afin d'entamer avec elle une longue conversation, en lien avec le manque de considération qu'avaient suscité ses performances dans son entourage sportif et familial.

Je fus profondément marqué et influencé par cette rencontre en tant que jeune professionnel. J'avais dès lors perçu une certaine réalité du haut niveau que j'ignorais et je me fis fort de m'en souvenir par la suite.

Frustration, impatience et besoin de reconnaissance reprennent les notions de rapport au temps et de perfectionnisme chez les athlètes. Ce rapport devient particulièrement complexe au moment de la compétition. Le réflexe naturel du sportif ambitieux et déterminé ne parvenant pas à son objectif de victoire sur le terrain (ou du moins ayant ce sentiment dans l'instant présent) sera de se crisper, de se tendre. Or, comme on l'a vu précédemment, le plus haut niveau de performance passera par une forme de relâchement. Un « juste milieu entre intensité et relâchement » constitue l'objectif mental recherché par le sportif.

Cet état parfait d'entre deux, c'est également ce que l'on qualifie comme « ***la zone*** ». Être dans la zone, c'est être dans cet état où tout devient facile. Où le sportif ne pense à rien, où il laisse aller. Il est la performance. Il ne cherche plus à maîtriser : il laisse son talent naturel s'exprimer.

Analyse systématique des sportifs que j'ai rencontrés, durant mes quinze années de pratique, lorsque je leur ai posé la question : « *À quoi pensiez-vous lorsque vous étiez dans cet état ?* »

Réponse quasi unanime : « *À rien.* »

Lors du premier match des finales NBA de 1992 qui opposa Chicago à Portland et après un début de match parfait par ses adversaires, Michael Jordan, loin d'être frustré, signa une performance légendaire et inscrivit 35 points en une mi-temps, dont six paniers à 3 points (deux records à l'époque). Après son sixième panier longue distance, il eut une mimique qui resta dans les annales du sport, où, se tournant vers les tables des commentateurs (et ainsi vers son ex-rival « Magic » Johnson, qui y officiait), haussa simplement les épaules, les mains tournées vers le ciel, l'air de dire : « *Je ne sais pas ce qu'il se passe...* »

Il commenta après coup : « *Je ne peux pas vraiment l'expliquer, c'était juste l'un de ces moments. Le panier me paraissait immense et je ne pouvais pas manquer.* »

La zone est un équilibre psychologique indéfinissable et personnel, qui correspond à un état physique et émotionnel parfait. Pour l'atteindre, le sportif aura besoin de se libérer de toute forme d'impatience.

La gestion de la frustration sur le temps de la performance consiste en un compromis entre la détermination du sportif (son désir de vaincre) et la capacité de ce dernier à prendre du plaisir à être dans le combat, dans la difficulté. L'approche de la difficulté et la manière de considérer la pression sont ainsi clés.

Avant une série de playoffs où les Bulls partaient ultra-favoris, un journaliste demanda à Michael Jordan s'il ressentait une pression du fait d'être donné autant gagnant. Il répondit ceci : « *Les playoffs, c'est le moment que j'attends. Tous les regards sont braqués vers nous et c'est l'opportunité qui vous est donnée en tant qu'athlète de montrer votre talent.* » Un parfait résumé de l'approche mentale du joueur. **Là où certains peuvent voir une crainte de l'échec, celui qui est considéré**

par beaucoup comme le plus grand sportif de tous les temps y voit lui une opportunité.

Le rapport à l'impatience et au fait d'arriver à concrétiser son désir dans le sport de compétition peut être assimilé à une métaphore de la séduction. Il s'agit d'entretenir un rapport romantique avec ce qui est convoité. Il faut donc savoir faire preuve de patience et de détermination, laisser venir l'objectif à soi avec sérénité et en bon stratège, **ne pas craindre le temps, mais au contraire, rester persuadé qu'il jouera pour nous au final**.

2.3 La sauvegarde nécessaire du Plaisir : préserver le « Je » dans le Jeu

> *« Vous faites du sport : pour gagner, pour rendre les gens heureux et pour prendre du plaisir. »*
>
> Earvin « Magic » Johnson
> (ex-star de la NBA)

Comme l'illustrent les parties précédentes, le sportif doit, pour libérer tout son potentiel, atteindre une alchimie psychique composée d'éléments contradictoires. Parmi les ingrédients « à bien doser », telle une recette de cuisine qui lui serait propre, il lui faudra trouver un savant mélange afin que toutes les conditions soient réunies pour sa performance.

Parmi ces ingrédients, on trouvera notamment la notion d'intensité, qui se pose en ennemi du relâchement. Il devra également composer avec son perfectionnisme, qui engendrera fatalement une frustration, elle-même en opposition avec la notion de Plaisir.

Pour résumer cette idée, **l'intensité et le perfectionnisme**, tous deux nécessaires à la réussite sportive, s'opposent directement au bon développement des notions de **relâchement et de Plaisir**, elles aussi fondamentales dans la perspective du succès.

Comment donc préserver le Plaisir dans la pratique à haut niveau, sans pour autant renoncer aux plus hautes ambitions de réussite ? Tout d'abord, il nous faut définir plus précisément ce que l'on entend par ce terme de « Plaisir ».

Si les sportifs ont souvent des difficultés à conserver présente en eux cette notion spécifique, c'est en partie lié au fait d'en avoir une définition floue **ou en opposition avec la notion d'engagement**. Comme souvent dans le sport, avoir des définitions claires des mots employés au quotidien s'avérera un aspect décisif pour les SHN.

Le Plaisir, dans la pratique sportive de haut niveau, est avant tout à considérer comme un outil de réussite et de performance. On se réfère à un état d'esprit centré sur soi et sur la notion de relâchement qui aidera le sportif à supporter les contraintes d'un environnement de plus en plus oppressant. Plus le sportif passera des paliers, des caps, plus il augmentera son niveau de performance et avancera dans son projet sportif, et plus la préservation de son relâchement naturel sera mise en difficulté.

Le sportif doit en effet s'adapter à des facteurs environnementaux de plus en plus stressants : attentes personnelles du sportif, de sa famille et de son entourage, des entraîneurs et dirigeants, des médias, etc. Ses capacités de *coping*[1] devront donc suivre sa progression sportive réelle. Ce faisant et malgré lui, la fameuse notion

1. Le *coping* est considéré comme un concept essentiel dans le sport de haut niveau. Il renvoie notamment à la capacité d'adopter une conduite adaptée aux situations de stress.

de Plaisir laissera souvent place à un désir d'efficacité et à une volonté de contrôle renforcée.

Arrivé à un certain niveau d'enjeu, le Plaisir peut facilement paraître futile ou secondaire pour le sportif. *« Est-on là pour prendre du plaisir ? Car on est surtout là pour gagner... »*

C'est justement à ce niveau que se situe le blocage mental du champion. Avec une pression du résultat qui a monté en intensité, **la notion de Plaisir, ainsi mal définie, se retrouve à présent en opposition avec l'idée de performance.** Le Plaisir n'est plus investi d'une façon fonctionnelle, utile et l'athlète a oublié que c'est le plus souvent aussi par et grâce à cette notion qu'il s'est construit. Qu'il est arrivé dans cette position et à ce challenge qui est le sien aujourd'hui.

Gérer la pression passe donc par la préservation en lui de cette notion et ce, malgré les enjeux grandissants. **Le Plaisir se doit d'être appréhendé comme l'affirmation d'une identité.** L'identité sportive du champion. Se référant ainsi aux attributs psychologiques essentiels qui le porteront vers la performance et qui le caractérisent, il pourra alors citer (notamment et en fonction de son identité) la confiance, la combativité, la concentration et, enfin, la prise de Plaisir.

Vers le sens réel du Plaisir

Le Plaisir caractérise en réalité la capacité de pleine expression du sportif. Il ne s'agit pas de *« s'amuser »*, mais *« de prendre du Plaisir à »*... À être dans le combat, dans le duel, à vivre un événement unique, à repousser ses limites, à aller puiser quelque chose que je sais être là et que je veux voir s'exprimer, sortir de moi-même... Cette approche mentale jouera un rôle positif dans le relâchement de l'esprit, mais aussi dans celui du corps. Il s'agira donc de privilégier l'expression de ce double relâchement.

Dans un mouvement de connexion avec son corps en mouvement, le Plaisir aura pour finalité de favoriser l'épanouissement en compétition chez l'athlète. Cette pleine expression, c'est l'identité du sportif et son challenge est de ne pas y renoncer face à la pression. Il doit bien au contraire affirmer cette identité et ce Plaisir à être là et profiter de l'événement au lieu de le subir. Le Plaisir est donc également à appréhender comme méthode antistress. L'une des plus simples, mais aussi des plus efficaces, sans doute.

On n'imagine pas combien de fois la seule recommandation faite au sportif de reprendre du plaisir à jouer en se détachant de la notion performance s'avérera d'un grand intérêt et bénéfice pour lui. Pour préserver cette notion de Plaisir, je recommande donc fréquemment lors des premières séances l'astuce basique suivante au sportif : « *Faire de son mieux.* » Tout simplement.

Cesser de se crisper, de s'énerver face à ses échecs et lâcher prise, en essayant de faire de son mieux. Je nuance pour autant ce conseil comme tel : « *Faire de son mieux, faire de ton mieux, ce n'est pas abandonner l'idée de performance. Car ton mieux, c'est beaucoup. C'est potentiellement le plus haut niveau sportif.* »

Le Plaisir, le « Je » et le Jeu

Le sport est et doit rester un jeu. On le dit souvent et nombre de sportifs argueront en lisant ces lignes que c'est sûrement « *plus facile à dire qu'à faire* » ! Il est vrai. Mais, encore une fois, tel est son challenge.

C'est difficile, concédons-le, mais c'est bien pour cela que tout le monde n'accède pas au haut niveau. Il ne s'agit pas uniquement d'être en mesure de faire mieux que les autres physiquement et athlétiquement, il faut également être capable de produire des choses extrêmement compliquées au niveau mental. Appréhender cet aspect complexe comme l'un des nombreux challenges de la vie d'un athlète, afin de conquérir la montagne. D'atteindre le plus haut sommet sportif. La gloire, la reconnaissance ou la simple satisfaction de soi sont à ce prix.

La préservation du Plaisir dans le sport de compétition, y compris à son plus haut niveau, c'est donc la préservation du « Je » dans le « Jeu ». De l'identité du champion dans la compétition. Restera donc à intégrer la possibilité de l'échec et à ne pas le craindre excessivement, afin de pouvoir totalement se libérer. Si la perspective de la douleur est trop présente, le corps et l'esprit, dans un réflexe d'autopréservation, ne pourront pleinement s'exprimer.

Afin de s'aider dans cette optique, le sportif pourra toujours garder en mémoire cette citation :

« ***La douleur est toujours question et le plaisir toujours réponse.*** » Voilà un bon principe : de fréquemment garder le plaisir comme réponse à nos interrogations.

3

Apprendre à perdre : la gestion de l'échec

« Quelquefois, l'échec est nécessaire à l'artiste. Cela lui rappelle que l'échec n'est pas un désastre définitif. Et cela le libère de la tapageuse contrainte du perfectionnisme. »

John Berger

3.1 La symbolique de l'échec : travailler le vocabulaire

Le ressenti d'un individu suite à un événement donné est intimement lié à la définition qu'il a de cet événement et de la façon dont il le considère. Ainsi, si pour beaucoup, un décès est synonyme de tristesse extrême, il en sera autrement en fonction des croyances et coutumes d'autres, notamment pour les individus convaincus de l'existence de la réincarnation, y voyant alors une heureuse transition.

La portée que nous accordons à un événement conditionnera donc grandement notre ressenti vis-à-vis de celui-ci. Dans le sport, l'échec peut suivre la même règle et être vécu de façon très différente en fonction des personnes. Bien évidemment, l'échec est à mettre en perspective avec la réalité sportive et il est logique d'être plus déçu par une défaite en finale des jeux Olympiques que pour un championnat national. Néanmoins, la symbolique associée à ce terme d'échec jouera pour beaucoup dans la capacité de prise de distance, dans la gestion émotionnelle à moyen et long termes et donc dans la capacité à avoir une analyse objective relative à la performance.

Tous les facteurs mentaux sont liés et si un facteur est très déficient, il influencera les autres. Une mauvaise symbolique de l'échec peut donc parfaitement mettre en danger cet équilibre et ainsi l'ensemble du projet sportif. De quoi parlons-nous donc quand nous nous référons à l'échec en sport de compétition ?

Savoir ce qui constitue un échec

Le mot échec, bien plus que celui de défaite, comporte une symbolique violente. Parler d'une simple « défaite » est généralement bien moins porteur de sens que de parler d'« échec ». On entend d'ailleurs la nuance quand les termes s'additionnent : « *Cette défaite, c'est un échec !* » L'échec renvoie donc à une idée de faillite de soi bien plus qu'à une simple réalité sportive : on ne gagnera pas tout le temps et on se construit aussi par le biais des défaites.

Ce sentiment violent va favoriser une perte de confiance, une dévalorisation de soi, et potentiellement une charge d'affects dépressifs : tristesse, malêtre, renoncement. Tout le processus de performance est donc mis en danger si le sentiment d'échec devient récurrent : il entraînera une perte d'envie, de plaisir et l'incapacité à s'autoévaluer avec pertinence. La frustration deviendra maître mot.

Il faut donc pour le sportif savoir ce qui caractérise, définit réellement un « échec ». Peut-on perdre et être néanmoins (en partie, du moins) satisfait ? Tous les champions vous le confirmeront, ils se sont construits grâce à leur capacité à se relever de leurs échecs et à tirer un enseignement de leurs défaites. L'analyse de l'échec par un sportif renvoie à une définition claire de ses objectifs avant un événement donné : qu'est-ce que je vise ?

Définir des « objectifs mentaux »

Le fait de gagner est une conséquence et non pas une fin en soi. Le sportif s'attachera à fixer des objectifs lui permettant d'atteindre potentiellement la victoire. Mais celle-ci ne dépend rarement que de lui. Il existe, comme on l'a vu, nombre de facteurs non maîtrisables, à commencer par la performance de l'adversaire. Si par exemple, le 500e joueur de tennis mondial affronte Djokovic ou Federer, le fait pour lui de perdre ne saurait constituer un échec. C'est un résultat attendu. Gagner constituera un exploit pour lui.

Notre joueur virtuel s'attachera donc à se concentrer sur les facteurs qu'il peut maîtriser pour rendre la victoire possible, si toutefois l'opportunité se présentait. Pour monter dans le train si celui-ci venait à s'arrêter devant lui. Il va donc, dans sa préparation de match, se focaliser sur des **objectifs techniques, stratégiques et mentaux** pour se donner un maximum de chances de saisir cette opportunité.

Il pourra ainsi par exemple définir ses **objectifs mentaux** pour le match de la façon suivante :

— **Jouer mon jeu et ne rien lâcher ;**
— **Rester concentré et agressif ;**

— **Ne pas m'énerver contre moi-même ;**
— **Prendre du plaisir.**

Il conviendra alors avec lui-même (et compte tenu de ses priorités du moment, bien sûr) que s'il respecte ces consignes qu'il s'est lui-même fixées, **du début à la fin du match sans faillir**, alors et indépendamment du résultat, il aura (en partie) atteint ses objectifs, la victoire ne pouvant de toute façon exister pour lui qu'en respectant fermement ce choix stratégique lui permettant d'atteindre sa pleine expression. Cette autopréparation mentale (et le terme me paraît ici particulièrement approprié) pourra être reprise dans le futur par le sportif, quelle que soit la compétition à venir.

Sa vraie mise en condition psychologique l'amènera avant tout non pas à se fixer sur ce qu'il craint (l'échec, donc), mais sur ce qu'il vise. Et sa définition de la victoire ou de l'échec en sera ainsi bien plus large, bien plus précise et beaucoup plus apaisante au moment d'aborder l'événement.

Le sportif de haut niveau pourra donc systématiquement s'interroger en amont de la compétition sur ses objectifs mentaux et visera une vision non caricaturale et non manichéenne[1] du résultat.

La défaite seule n'a pas vocation à déterminer ce qu'est un échec

Si je n'ai respecté aucun (ou très insuffisamment) des principes de jeu (mes objectifs mentaux) que je me suis fixés pour ce match, alors, oui, dans ce cas, on pourra parler d'échec dans ce processus et il faudra savoir, sans excès, en chercher la cause et se remettre en question.

1. Entendre par « *vision manichéenne* » : « *Si je gagne, je suis (plus ou moins) satisfait. Et si je perds, je suis nul...* »

Le positionnement juste par rapport à cette notion pour le sportif reviendra à l'inscrire dans un processus de progression, mais pas uniquement. Il ne s'agit pas pour le sportif de haut niveau de dévaloriser l'importance de sa défaite ou de la banaliser. Il s'agit pour lui de l'appréhender froidement, dans un certain professionnalisme et, donc, une certaine distance.

« *Qu'est-ce que j'ai bien fait, bien mis en œuvre ? Où ai-je péché, rencontré des difficultés ? Sur quoi dois-je encore progresser pour la prochaine fois ?* » Pour justement me rapprocher un peu plus de la victoire dans le futur.

Le rapport aux victoires et aux défaites sera ainsi défini dans un processus constructif et objectif pour le sportif, lui donnant une meilleure perspective de gestion émotionnelle en dehors des terrains et ce pour l'ensemble de sa carrière.

Gérer ses émotions et ses déceptions reste un point primordial afin de conserver sa confiance et sa détermination intactes, comme l'évoquait W. Churchill : « ***Le succès, c'est être capable d'aller d'échec en échec sans perdre son enthousiasme.*** »

Dans le point suivant, nous verrons comment analyser et utiliser au mieux ces informations relatives aux victoires et aux échecs.

3.2 L'analyse objective dénuée d'émotion

L'analyse de la performance ou « phase de débriefing » constitue un moment clé dans le cycle de vie du sportif (cf. schéma 6, p. 258). C'est également l'un des plus complexes à appréhender. Parvenir à correctement juger, analyser et évaluer sa performance nécessite d'avoir sur soi un regard dénué d'émotion. Or, comme on l'a vu précédemment, le SHN se nourrit justement d'émotions dans l'optique d'atteindre son plus haut niveau d'expression.

Un regard professionnel sur soi

En ce sens, le champion devra travailler afin d'avoir sur sa perf' *un regard « professionnel » plus qu'émotionnel.* Au sens premier du terme, l'objectivité, c'est la qualité de décrire uniquement les faits, sans faire intervenir de jugement personnel.

Dans le cas des SHN et même si les deux tendances existent, la tendance massive demeure quand même, cela va de soi, une sous-évaluation, voire une dévalorisation de leurs performances, plutôt qu'un sentiment excessif de satisfaction. **En ce sens, les SHN reproduisent au moment de l'analyse de leurs perf' deux excès** dont ils sont fréquemment victimes (ou responsables) :

— **La sur-émotionalité,** c'est la difficulté à trouver du contenant à un trop-plein psychique pour le sportif. La compétition, à travers ce que le sportif y place afin de se transcender et ce qu'elle génère chez lui, est un volcan, une tornade émotionnelle. Sortir de cette tempête et arriver par la suite à recouvrer ses esprits et à analyser froidement et objectivement ce qui a fonctionné et ce qui a posé problème est l'apanage des grands champions. On pourra d'ailleurs souvent observer une différence nette dans les interviews « à chaud » d'après-match entre les grands champions expérimentés, qui sauront rationaliser ou modérer la portée de leurs victoires ou au contraire arriver à dégager des éléments positifs dans une défaite et les plus jeunes sportifs, un peu plus « ados » dans leur comportement, qui pourront s'enflammer après un premier tour ou, au contraire, s'effondrer après une défaite où ils n'auront pourtant pas démérité. On se réfère souvent d'ailleurs, dans le monde sportif, à cette capacité de gestion émotionnelle lorsque l'on met en avant la « *maturité* » d'un jeune joueur.

— **La sévérité excessive envers soi-même,** c'est le prolongement d'une stratégie de dureté qui a été définie (consciemment mais le plus souvent inconsciemment) par le sportif car jugé comme bénéfique pour lui. Cette sévérité démesurée dans l'après coup de la compétition est souvent favorisée dans le temps même de la performance, justement par le trop-plein émotionnel, amenant ainsi parfois le sportif à tenir, malheureusement, des propos très durs voire blessants, envers lui-même. L'excès émotionnel sur le terrain se prolonge donc en dehors.

Mais l'objectivité peut également s'apparenter à une forme de dureté envers soi en fonction du résultat, surtout si le sportif juge, avec raison cette fois, que son comportement sur le terrain et/ou que les objectifs mentaux[1] qu'il s'était fixés n'ont pas été respectés. « *Rien ne saurait blesser davantage que la vérité* », comme on a coutume de le dire.

Il n'est donc point question pour le champion d'adoucir son regard sur soi-même par un quelconque

1. Cf. point précédent sur la symbolique de l'échec.

mouvement de sensiblerie, mais bien de ne s'en tenir qu'à la définition première du terme d'objectivité, **« les faits, sans jugements personnels ». La dureté envers soi-même sans objectivité sera à terme autodestructrice pour le sportif.** Il devra donc distinguer dans son temps d'analyse une forme de complaisance d'une critique excessive générant une violence inutile envers lui-même.

Progresser dans l'analyse sans émotion

Au-delà de la simple, mais néanmoins essentielle prise de conscience et de l'effort pour aller dans le sens de l'objectivité par le SHN, ce dernier pourra également **s'appuyer sur le regard extérieur** afin d'améliorer la qualité de son objectivité. Premier regard sur lequel il devrait s'appuyer : bien sûr, celui de l'entraîneur, en toute logique premier expert et témoin privilégié des performances de son sportif. La famille et l'entourage peuvent également contribuer à jouer ce rôle. Tout dépendra de la manière dont ils sont considérés et perçus par le sportif.

Certains parents seront jugés par exemple globalement trop indulgents, trop réconfortants et trop peu connaisseurs du sport pratiqué et d'autres, au contraire, seront perçus comme étant systématiquement négatifs, critiques et/ou injustes dans leurs retours.

On en revient donc à une question de confiance et à l'importance décisive pour un sportif de savoir s'entourer de manière juste de personnes dont le jugement sera entendu et intégré positivement. Qui pourront lui renvoyer la vérité, ou du moins, la leur.

Enfin, le psychologue du sport peut bien sûr lui aussi jouer un rôle afin d'accompagner le sportif dans son analyse de ses performances en lui fournissant un autre regard extérieur et une nécessaire neutralité.

D'autre part et comme évoqué précédemment, le sportif pourra également prendre des références objectives et dénuées du facteur émotionnel en se référant régulièrement à ses **objectifs mentaux** afin de ne pas tomber dans le piège de la critique ultra-sévère envers lui-même, uniquement inspirée par le résultat brut de la compétition : victoire ou défaite.

Le juge le plus objectif sur la performance d'un sportif devrait être le sportif lui-même.

En tout cas, cela devrait être un objectif pour lui de tendre vers cette juste connaissance de soi et de son niveau réel.

L'objectivité a pour vocation d'être une alliée du sportif. Dans un temps d'après-performance, mais également d'une manière plus transversale dans sa carrière, il lui faudra froidement, posément et précisément **analyser, comprendre**, et enfin **décider** des orientations à prendre afin de ré-injecter l'ensemble de ses analyses et des conclusions, dans de nouveaux objectifs et dans son protocole d'entraînement (cf. schéma 6, p. 258).

3.3. Le perfectionnisme : l'exigence positive envers soi-même

« La perfection est un chemin, non une fin. »

Proverbe coréen

Nulle notion mieux que le perfectionnisme ne saurait mieux illustrer le conflit interne et la notion d'équilibre à travailler pour un sportif de haut niveau. On a tendance à penser, à juste titre probablement, qu'un sportif de haut niveau est perfectionniste. Il l'est simplement plus ou moins. Il s'en accommode avec plus ou moins d'aisance.

Est-ce cet environnement qui attire plus ce type de personnalité ou est-ce le sport d'élite et son exigence qui contribuent à développer cette tendance chez eux ? Sûrement un peu des deux, mais beaucoup s'accorderont à dire que le perfectionnisme, c'est la recherche de l'excellence : but ultime et permanent d'un athlète visant les sommets.

Le perfectionnisme et le sport de haut niveau sont donc faits pour se rencontrer et aller de pair. Le modèle que je propose, distinguant perfectionnisme positif et perfectionnisme négatif, est avant tout une grille de lecture permettant aux sportifs de mieux comprendre leur propre rapport à l'exigence et à la recherche d'excellence. Il ne s'agit pas d'une définition absolue ou académique du perfectionnisme, mais d'un cadre de réflexion facilitant l'adaptation à une tendance ultra présente chez les sportifs de haut niveau.

D'un point de vue strict, le perfectionnisme est souvent décrit en psychologie comme un facteur de risque, associé à l'anxiété, au doute permanent et parfois à l'épuisement psychologique. Pourtant, dans le quotidien des athlètes, il apparaît que cette quête du « toujours mieux » peut être aussi une source de motivation supplémentaire lorsqu'elle est équilibrée et orientée de manière positive et bienveillante.

La bienveillance dans le sport de haut niveau ne se résume pas à une indulgence excessive contrairement à une fausse idée que pourraient avoir les champions et apprentis champions.

Il s'agit avant tout d'une approche mettant en avant le respect de l'athlète de son propre bien-être. C'est pour un sportif adopter une posture qui lui permette de se dépasser sans pour autant sacrifier son équilibre mental et physique.

Cette distinction entre perfectionnisme positif et négatif ne vise également pas à nier les effets potentiellement néfastes du perfectionnisme, mais à offrir aux sportifs un repère pour ajuster leur rapport à leur propre exigence. Elle leur permet d'identifier les mécanismes en jeu dans leur fonctionnement et d'adopter une posture mentale plus favorable à la fois à la performance et au bien-être.

En comprenant que le perfectionnisme n'est ni totalement bon ni totalement mauvais, mais qu'il dépend de la manière dont il est vécu et utilisé, le sportif peut mieux s'adapter et faire de son exigence une alliée plutôt qu'un poids. La question n'est donc pas de savoir s'il est bon d'être perfectionniste ou non dans le haut niveau, mais d'identifier la façon dont le sportif va s'adapter et utiliser cette pulsion psychique en lui et vers quel type de perfectionnisme il tend. Ce rapport à soi dans l'exigence quasi permanente peut en effet prendre **deux voies distinctes** face à un sentiment de frustration ou d'inachevé : **une envie de mieux faire ou le sentiment de ne jamais faire assez bien**. Une dynamique positive et stimulante *vs* une forme de découragement lancinant.

Afin d'arriver à identifier le type de perfectionnisme dans lequel le sportif s'inscrit, tâchons de les définir plus précisément, en nous référant à **un perfectionnisme positif et à un perfectionnisme négatif**.

Perfectionnisme positif *vs* perfectionnisme négatif (cf. schéma 4, p. 224)

Le perfectionnisme négatif va reprendre beaucoup des notions d'excès émotionnel, de manque d'objectivité et de violence envers soi-même que nous avons pu décrire précédemment. L'accumulation et la répétition de ces facteurs vont déterminer si l'on a affaire à du perfectionnisme négatif chez un SHN. Face à ses performances et au sentiment *« qu'il aurait pu mieux faire »*, le sportif se trouve confronté à un sentiment d'échec profond, qui entraînera une perte de sa motivation dans le temps.

Se comparant à des objectifs par définition progressifs et donc au-dessus de son niveau actuel et ayant pour fonction de l'amener à se dépasser, le sportif inscrit dans le perfectionnisme négatif perdra le sens premier du processus. À savoir qu'au lieu de demeurer stimulant, l'objectif défini et investi par le sportif se mue en un impitoyable outil de dévalorisation. Ce faisant, l'objectif devient maltraitant pour le sportif. Il ne s'en trouvera jamais assez proche et nourrira l'idée que ses efforts sont vains et, pour reprendre une expression fréquemment employée par les athlètes, *« que cela ne sert à rien de s'entraîner si c'est pour cela... »*

Ce processus répété au fil des années pourra l'amener, de par la violence exercée sur le Moi, à un désinvestissement, voire à un dégoût de son sport et à des mouvements dépressifs plus ou moins forts et durables. Ce perfectionnisme négatif renvoie donc à une forme de perte de sens dans l'activité et à la question du pourquoi. *« Pourquoi est-ce que je me fixe des objectifs et quelles sont leurs fonctions ? »*

La perte de sens dans l'activité est sûrement la cause première de la perte de Plaisir dans le sport de compétition. Cette perte de Plaisir constitue un facteur déterminant dans l'émergence de l'épuisement psychique du sportif (ou burn-out[1]), dans sa perte de motivation et de

1. Les liens entre le perfectionnisme et le burn-out ont fait l'objet de nombreuses études et publications. On peut citer notamment parmi les plus récentes : *Multidimensional Perfectionism and Burnout. A Meta-Analysis* par Andrew P. Hill et Thomas Curran de York St John University. Publié dans la *Personality and Social Psychology Review* de juillet 2015.

combativité, voire, à terme, sur son désir d'arrêter sa carrière. Identifier ce qui peut relever d'une forme de perfectionnisme négatif chez le sportif s'avérera donc être pour lui un enjeu majeur dans sa gestion de carrière. Ce rapport à cette notion synthétise en quelque sorte sa manière de considérer et de vivre son activité. Elle influencera donc nécessairement et d'une façon décisive l'ensemble des aspects mentaux que nous avons abordés ci-avant, comme la motivation à long terme, la confiance en soi, ou encore la concentration.

Le perfectionnisme positif peut lui être considéré comme un mode de fonctionnement **protégeant l'intégrité psychique de l'athlète**. Face à des échecs (mais aussi parfois des succès) ou à des insatisfactions en compétition, le sportif va alors trouver dans ce processus et dans les situations de non-atteinte de ses objectifs une source de motivation supplémentaire et non une source de découragement. Toujours en se fondant sur l'objectif visé, **le sportif qui s'inscrit dans un perfectionnisme positif fait de la poursuite de l'excellence une affirmation de sa confiance en lui**.

Sa frustration face à sa performance se traduit dans son langage inconscient par une affirmation de type : « *Je suis énervé, car je sais que je peux faire mieux. Car je sais que mon potentiel est plus élevé que ce que j'ai montré. Je crois en ma capacité à mieux faire la prochaine fois. J'ai hâte de retourner à l'entraînement.* » Il affirme ainsi sa conviction et son désir de progresser, là où l'inscription dans le perfectionnisme négatif reprendra les mêmes arguments afin de s'attaquer au Moi du champion. Se traduisant alors par une phrase inconsciente plus proche du type : « *Je n'ai toujours pas produit mon meilleur niveau, je suis incapable de convertir mes efforts de l'entraînement, j'ai envie de laisser tomber.* »

SCHÉMA 4. TYPES DE PERFECTIONNISME

PERFECTIONNISME POSITIF :

– Meilleure gestion émotionnelle et sauvegarde du plaisir dans l'activité
– Réaffirmation de la confiance en soi
– Affirmation de l'ambition
– Renforcement de la motivation à long terme
– Favorise le maintien de l'équilibre psychique

PERFECTIONNISME NÉGATIF :

– Perte de plaisir dans l'activité
– Dévalorisation de soi
– Attaque du Moi
– Diminution de la motivation à long terme
– Favorise le développement d'affects dépressifs

Identifier et s'adapter

L'identification par le sportif du type de perfectionnisme dans lequel il s'inscrit est donc à considérer comme une phase première. Car fort heureusement, comme toute tendance psychique en chacun de nous, rien n'est figé pour l'éternité. Le sportif pourra basculer vers l'une ou l'autre de ses tendances.

Il s'agira pour lui de s'appuyer sur son désir d'excellence et de réussite et de s'intéresser au parcours menant à ses objectifs, afin d'assurer une démarche enthousiaste et conquérante, tout en demeurant conscient de la difficulté du challenge dans lequel il a choisi de se lancer.

Plus la tâche est complexe et l'objectif élevé, plus le rapport au perfectionnisme se doit en effet d'être positif. Les sportifs de haut niveau ont malheureusement trop fréquemment tendance à oublier la difficulté de la tâche qui est la leur et l'importance du parcours déjà accompli. Sans crainte de tomber dans de l'autosatisfaction, le sportif doit avant tout s'encourager avant de se critiquer afin de préserver sa confiance en lui et sa motivation.

L'encouragement et la conviction de pouvoir aller plus haut par opposition au **découragement et la critique de soi**, telle est la nuance fine du perfectionnisme constructif pour un champion. Le sportif ambitieux pourra tout à fait évoluer dans le temps via une exigence « du toujours plus » tant que cette exigence reste objective et avant tout définie dans une affirmation de confiance en lui et d'ambition stimulante.

Il lui faudra pour cela s'accommoder tant bien que mal de sa frustration et donc changer sa position vis-à-vis de son perfectionnisme. Une position, comme on l'a évoquée, souvent rigide au début de la carrière, car l'échec y est rapidement synonyme de violentes autocritiques et de dévalorisation.

S'adapter à son psychisme et aux habitudes prises par celui-ci n'est certes pas une chose simple, mais **le haut niveau implique de faire principalement des choses compliquées au niveau mental**. C'est ainsi. Il est bon pour le champion de ne pas oublier cette évidence : dans le haut niveau, progresser dans le temps s'avère quelque chose de très difficile.

Ainsi, savoir changer vis-à-vis de soi sera une nouvelle marque d'exceptionnalité psychique de l'athlète, car pour emprunter les mots célèbres de Winston Churchill : « ***Pour s'améliorer, il faut changer. Donc, pour être parfait, il faut avoir changé souvent.*** »

4

Dialoguer avec son corps : le rapport à la blessure

4.1 Répercussions dans le réel : l'effondrement d'une construction

« L'indifférence aussi est une blessure. »
Claire France
(Autour de toi, Tristan)

Être sportif de haut niveau, c'est aussi arriver à gérer au mieux les périodes difficiles inhérentes au parcours classique du champion. La blessure fait à ce titre partie de ces périodes très souvent imposées (il est entendu que nous parlerons ici des blessures significatives entraînant au moins 3-4 semaines d'arrêt). Dans ce cadre, si la blessure est quasi toujours un temps pénible et déstabilisant, prendre conscience de ce qui s'y joue et apprendre à normaliser cette période peut aider le sportif à la traverser au mieux, voire parfois à en sortir grandi.

Premier aspect à prendre en compte : les répercussions dans le réel de cette blessure. Tout d'abord, le sportif blessé devra gérer une forme d'isolement. L'environnement d'un SHN tourne autour de la perf' et le sportif blessé en est privé. Il a donc moins d'éléments concrets à partager avec son environnement direct.

L'isolement, s'il n'est pas systématique, reste très fréquent et peut prendre deux formes (cf. schéma 5, p. 228). Il peut s'agir d'un **isolement subi** par l'environnement ou d'**un mouvement de recul**.

Dans le cas de **l'isolement subi,** la perf', vecteur d'insertion sociale, d'échange et de communication, crée moins d'intérêt et de questions autour du sportif. Certains évoquent le sentiment de ne plus « exister » en période de blessure. Presque d'être devenu fantomatique aux yeux de leurs partenaires.

Mais l'isolement du sportif n'est pas toujours imposé à lui. Il s'agit parfois également d'un **mouvement de recul** autoprotecteur. D'une mise à distance par l'athlète de son entourage sportif, dont la confrontation directe et quotidienne est devenue trop douloureuse, le champion blessé se trouvant parfois dans une situation qu'il juge insupportable, celle de spectateur impuissant. Le récit de ces partenaires de retour de compétition, en plus du spectacle angoissant de leur progression quotidienne, sont très délicats à gérer. Leur progression lui rappelant bien sûr son immobilité et ravivant le fantasme de la perte de temps. Le sportif préfère donc de lui-même s'écarter et se priver de son groupe social habituel.

La perte de repères

Autre répercussion dans le réel : la perte de repères engendrée par la blessure. Il s'agit en effet d'un véritable chamboulement dans la vie si calée, si organisée, si potentiellement maîtrisée du SHN. Souvent, cette période peut être l'occasion de l'apparition de doutes, qui, comme chacun sait, sont les pires ennemis du sportif. « *Vais-je retrouver mon niveau, garder la confiance des coachs, me faire piquer ma place par mon adver-*

saire, rattraper le temps perdu ?... » Le sportif se trouve confronté à l'angoisse du temps qui semble alors figé et le voilà condamné à voir le monde du sport de haut niveau avancer sans lui.

Enfin, les objectifs sportifs sont remis en question et avec eux, toute l'organisation projetée, fantasmée par le sportif. Dans sa construction temporelle, dans son plan de carrière, tout a souvent été bien déterminé : « *L'équipe de France dans un an, les championnats d'Europe dans deux, et les JO dans trois.* »

L'ensemble de ces projections réjouissantes est malmené, mis en danger et, par extension, c'est l'ensemble du plan de carrière du sportif qui est fragilisé. Il n'est plus dans un temps en mouvement, il est stoppé net dans son élan et n'existent plus pour lui que les étapes liées à son retour, pour peu que celles-ci soient rapidement définies.

Mais c'est également une part du fantasme de la toute-puissance qui s'est effondrée (surtout lors de la première blessure grave). Le sportif champion n'est plus intouchable, incassable. C'est une grande nouveauté pour lui : il est fragile et à la merci du bon vouloir de son corps.

SCHÉMA 5. RÉPERCUSSIONS DE LA BLESSURE

RÉEL	PSYCHIQUE	SYMBOLIQUE
→ Isolement	→ Rapport à l'abandon	→ Colère et culpabilité
→ Perte de repères	→ Rapport au temps	
→ Modifications des objectifs	→ Rapport à la perte	

4.2 Répercussions sur le psychique : des retentissements à différents niveaux

Si le réel est atteint dans les périodes de blessure, le psychisme n'est pas épargné et les retentissements peuvent être multiples. Voici trois axes majeurs auxquels le champion blessé peut se retrouver confronté dans ces situations.

Un rapport à l'abandon

Il s'agit d'une répercussion directe de la désocialisation. Qu'il normalise beaucoup ou peu, cette diminution de l'intérêt qui lui est porté n'en reste pas moins un sentiment d'être délaissé, voire abandonné par son environnement. Cette situation peut alors réveiller chez le sportif des angoisses infantiles, comme la peur d'être seul, livré à lui-même, la crainte de l'abandon, donc. Dans une forme de repli vers la petite enfance, le sportif se retrouve démuni, désarmé dans cette situation de faiblesse de son corps. Cette fragilité du corps peut le renvoyer à une forme de solitude. L'éloignement des autres accentue cette idée d'être seul face son combat et son retour vers la performance.

Un rapport au temps

Dans la même logique que l'effondrement des objectifs sportifs concrets (les compétitions à venir), la construction fantasmée du sportif s'écroule. Les temps de passage imaginaires qu'il s'est créé n'existent plus et tout un schéma temporel est remis en cause. Tout est à présent flottant, non défini et incertain et le sportif a horreur de cela ! La maîtrise de son projet sportif, dans l'absolu, c'est la maîtrise de son temps et de sa future

« mort d'athlète », c'est-à-dire sa fin de carrière. Le sportif de haut niveau se trouve en permanence dans une anticipation de cette fin et la blessure (surtout de longue durée) vient déclencher ce spectre. Le rapport au temps qu'il me reste est altéré et ce qui me reste à vivre dans mon existence de sportif l'est également. La blessure peut ainsi provoquer des angoisses assimilables à des angoisses de mort. Le décès du « corps performant » et répondant à mes exigences y est parfois envisagé pour la première fois.

Un rapport à la perte

Un sportif blessé a perdu quelque chose de constitutif à ce qui le caractérise. La faillite de son corps l'oblige donc à en prendre conscience. La perte à laquelle il est confronté est double : perte de la performance et perte de son exceptionnalité. On a évoqué la disparition de la performance et son aspect angoissant, mais de ce fait, il perd également ce qui le distingue des autres ados ou jeunes gens « normaux ». Il redevient commun, banal, non exceptionnel. Il rebascule dans une forme d'anonymat encore plus déprimante : aller en cours et faire des soins. Les voyages, les stages, les émotions fortes liées à la compétition n'existent plus et l'athlète doit s'adapter à ce manque. Il peut alors différemment, soit apprécier ce retour à la normalité, soit au contraire en sortir extrêmement frustré, inquiet et impatient.

4.3 Répercussions dans le symbolique : conflit entre colère et culpabilité

On l'a vu, un ensemble de rapports et de conflits psychiques qui n'existaient avant qu'inconsciemment arrive brutalement à la conscience du sportif avec la blessure. De ce fait, celui-ci se confronte à des symboliques fortes. Le sportif blessé oscille en permanence, en un conflit émotionnel, entre deux sentiments : **la colère et la culpabilité**.

La colère, c'est une recherche de coupable, une enquête. Parce qu'assez fréquemment, le sportif blessé vit cet événement comme une faute et qu'il lui faut un responsable. La blessure n'est pas entendue comme une normalité, comme un événement faisant partie intégrante de sa carrière. Il peut ainsi s'en prendre à tous : staff médical, entraîneurs, famille... Tous peuvent être visés pour n'avoir su l'avertir, le freiner, l'empêcher. Cet événement n'est pas accepté, il est vécu sur le mode de la faute, de l'erreur. La faute donc à un environnement qui n'a pas su maîtriser, c'est-à-dire anticiper. Cette idée créera une hostilité, voire une défiance pouvant se propager à tous autour de lui. Il n'est pas rare de voir des sportifs redoubler leur tendance au contrôle obsessionnel à la suite d'une blessure grave.

Mais cette colère peut coexister avec une autre émotion également dominante : la **culpabilité**. La culpabilité peut être perçue comme une forme de colère, mais probablement plus dangereuse, dans la mesure où la culpabilité est une colère envers soi-même et envers son propre corps. Une responsabilisation excessive de l'athlète qui s'attaque, se charge lui-même pour cet accident. Il s'adresse à lui-même par le biais de phrases telles que : « *C'est ma faute, je n'aurais pas dû écouter... les médecins, les coachs, mon entourage, etc.* » Ou bien encore : « *J'aurais dû... être plus prévoyant, faire plus attention, davantage écouter mon corps, mes douleurs, etc.* »

La conclusion de l'enquête fait qu'il s'est autodésigné comme seul responsable. Bien évidemment, une colère envers soi-même présente un risque plus important qu'une colère extériorisée, qui prend l'Autre pour cible et qui, ainsi, protège le Moi.

Le sportif se condamne pour ce manque d'anticipation, et ce, même quand l'événement n'aurait su l'être. Il se condamne en dépit du réel. Ce jugement sur lui-même pourra laisser des traces dans le futur.

Par prolongement, cette hostilité envers soi-même peut amener à une hostilité vis-à-vis de son corps. Le corps devient un objet de méfiance et plus, en particulier le membre blessé. Ce dernier va être épié et craint. Il peut même être le destinataire direct de cette colère envers soi-même. On retrouve cela dans la bouche des athlètes sous la forme de : « *Cette foutue cheville, ce maudit poignet, cette épaule de merde qui ne me fout pas la paix !* » Ce corps ne coopère pas et dans un mouvement de clivage, de séparation, le sportif coupe son corps de lui-même. Il « s'ampute » de ce membre défaillant comme s'il n'était plus sien. Il l'observe avec dépit et déception. Tel un sportif en lui, qui, malgré tous les efforts consentis, n'aurait pas répondu aux attentes et l'aurait laissé tomber. Et le jugement est impitoyable.

Un tel vécu et de tels mouvements de colère et de culpabilité sont bien sûr à attendre et à repérer par le sportif, car les conséquences sur la suite de sa carrière peuvent en être très importantes. Le vécu très difficile d'une blessure engendre d'une part une forme de période traumatisante avec une peur exacerbée de la rechute, majorée d'autre part par une appréhension de la reprise.

Il existe différentes manières de vivre sa blessure et il est essentiel pour un athlète d'appréhender cette période avec l'idée qu'il y a de meilleures façons que d'autres de s'y confronter, par exemple, en appréhendant cette épreuve comme une autre habilité mentale qu'il est bon de maîtriser. Au même titre qu'il a appris à se concentrer et à avoir confiance en lui, il peut apprendre à bien gérer la blessure. Si la tristesse, l'impatience, la frustration et la colère sont parfois inévitables dans les situations de blessure, elles ne sont pas pour autant une fatalité.

Évoquons donc quelques pistes dans cette perspective.

4.4 Vivre la blessure et penser la reprise

Il y a sinon une manière idéale, du moins une possible approche constructive de la blessure.

Ce temps d'arrêt peut être une rupture bénéfique au sportif dès lors qu'il choisit d'investir ce temps positivement. Non dans une attente insoutenable, en restant focalisé sur le sport et sa performance, mais justement, en reprenant le temps de retrouver sa vie « normale » de non-sportif et de faire tout ce qu'il n'avait plus forcément le temps de faire. De s'aérer l'esprit en quelque sorte, afin d'utiliser au mieux la frustration accumulée pendant l'arrêt et de savoir apprécier au mieux, par la suite, les moments passés sur le terrain.

Pour favoriser ce processus, on peut également ici distinguer plusieurs étapes :

— **Faire entendre un vécu :** derrière le corps en souffrance, le sportif pourra travailler l'idée d'un psychisme qui lui aussi vit une rupture difficile à accepter. Comme pour un affect dépressif, il sera bon pour le champion de mettre des mots et se libérer par la parole afin de rendre l'angoisse moins pesante. « *Qu'est-ce que provoque cette blessure en moi ? Quelles inquiétudes génère-t-elle ?* » Le sportif pourra penser ce temps d'arrêt d'une manière positive (ou la plus positive possible). Il pourra trouver des interlocuteurs multiples dans son entourage : amis, famille, conjoint, partenaires d'entraînement, entraîneurs, médecins, kinés ou psychologues. Éviter l'isolement, la rumination, la colère et la culpabilité en maintenant un lien social fort.

— **L'acceptation :** le fait d'accepter d'être immobilisé n'est pas un processus naturel pour un athlète, se sentant d'une certaine manière impuissant face à cet événement. Comme dans un travail de deuil, il lui faut donc accepter la mort symbolique de son invincibilité et la faille potentielle de son corps. Malgré tous ses efforts, il ne peut empêcher cela. En cela, le temps de la première blessure importante constitue souvent un premier travail sur soi d'intégration de ses limites. L'acceptation, c'est ainsi pouvoir interroger posément cet événement en lui enlevant sa charge émotionnelle et en identifiant la (ou les) cause (s), sans nécessairement chercher un coupable. L'objectivité lui sera nécessaire afin de ne pas reproduire ce qui aurait pu contribuer à cet accident (si bien sûr, il existe des enseignements à en retirer). « *Ai-je négligé certaines alertes, ai-je respecté mes besoins de récupération ?* » Le sportif doit certes repousser ses limites, mais également s'adapter à celles-ci.

— **Se préparer à la reprise, sans urgence :** bien vivre sa blessure, c'est arriver à considérer ce temps non pas comme un « temps mort », mais comme un « temps de non-performance ». Ce temps n'est pas nécessairement « perdu ». Arriver à conserver le moral, s'intéresser à d'autres choses, voire à des aspects plus stratégiques ou techniques de son sport, favorisera un vécu positif de cette période et aidera donc potentiellement à s'orienter vers une reprise plus sereine.

Le champion doit savoir gérer les victoires, les défaites et également les blessures. **Le risque majeur après un long temps d'immobilisation est de ne pas être passé par la phase d'acceptation.** Dans ce cas, le sportif peut souhaiter reprendre d'une manière fantasmatique, là où il s'était arrêté. Désireux de se rassurer au plus vite sur sa capacité à retrouver tous ses moyens, il ne respecte pas le temps nécessaire à son corps pour retrouver toutes ses sensations. Encore une fois, il sera à nouveau question de confiance. Le sportif confiant dans son potentiel ne cherche pas à se rassurer à vitesse excessive. Il sait prendre son temps, convaincu qu'il retrouvera ce qui a fait sa force. Il n'a pas oublié tout ce qu'il a appris. Même si son esprit en doute, son corps, lui, se souviendra de toutes les heures d'entraînement et de compétitions accumulées. Croire en cela. Et laisser à son corps et à son esprit le temps nécessaire pour se rassurer et pour retrouver leurs marques.

PARTIE III

« La fin de l'aventure, mais pas la fin des rêves »

L'après-carrière

1

Décider d'arrêter : une décision déchirante

(avec les témoignages de Sébastien Flute, archer et de Peter Gade, champion de badminton)

« *Je suis mort aujourd'hui, à 32 ans.* »
Michel Platini[1]

1.1 Perte d'envie momentanée ou définitive : comment savoir ?

Est-ce la fin ? Question lancinante trahissant le spectre d'un arrêt pas toujours décidé, pas toujours souhaité par le sportif. Comment savoir si l'aventure est arrivée à son terme ?

Si l'on a vécu ce que l'on avait à y vivre.

« *Est-ce que je n'ai plus envie de performer ou est-ce la performance qui ne veut plus de moi ? Est-ce la fin du rêve et le temps du retour à la vie des autres ? Celle-là même que j'ai observée parfois de loin, sans y prêter plus attention que cela...* »

1. À l'annonce de sa retraite sportive en 1987.

Répondre à cette question relève d'un processus complexe pour le sportif, car l'arrêt peut être assimilé à une perte d'envie, à un abandon. Or, une grande partie de son énergie, depuis tant d'années, a été consacrée à lutter contre ce sentiment naturel. À le repousser. Est-ce alors le moment de mettre un point final ou s'agit-il juste d'une période de « moins bien » ?

Si la prise de décision n'est pas forcée (liée à des blessures répétées, par exemple), bien souvent, des signes avant-coureurs existent et auront interpellé le sportif. Son rapport au Plaisir, son désir de progresser, sa passion pour la compétition, tout cela a pu s'effriter, s'user.

Questionner l'envie au-delà des peurs

En questionnant son rapport à tous ces facteurs, le sportif se heurte à des résistances bien souvent inconscientes, dont une en particulier : « *Suis-je prêt à ne plus être un champion ?* »

Comme en témoigne le champion olympique de tir à l'arc Sébastien Flute[1], au moment de son arrêt de carrière à l'âge de 28 ans et après ses troisièmes JO : « *En ce qui me concerne, je n'ai pas très bien préparé la suite, parce que pendant huit ans, j'ai plutôt bien gagné ma vie pour un tireur à l'arc et je me suis un peu laissé porter. J'ai été un peu négligent sur cet aspect-là. Cela dit, j'ai arrêté, même si j'aurais pu continuer encore trois ou quatre ans. Je n'ai pas arrêté par manque de compétitivité. Mais c'était un peu un saut dans l'inconnu, dans le sens où, déjà, il faut faire le deuil de sa carrière de haut*

1. Champion olympique en 1992, il fut également champion du monde en tir en salle en 1991 et champion d'Europe en 1992. Il est actuellement consultant auprès de l'entraîneur de l'equipe de France pour la Fédération Française de TAA.

niveau. Socialement parlant, ce n'était pas désagréable de me dire que j'étais sportif de haut niveau. »

La question de l'après survient et si celle-ci a peu ou pas été travaillée en amont, elle parasitera fortement le processus décisionnel. Inconsciemment, le sportif peut avoir envie de rester un peu plus longtemps dans ce milieu familier, car le dehors l'inquiète. Tel l'adolescent qui craint de devenir autonome et de quitter le foyer familial, le sportif de haut niveau, comme on l'a vu, repousse les fonctionnements propres à l'adolescence.

Quitter le sport de compétition, c'est aussi quelque part quitter le monde de l'enfance pour celui des adultes où règnent des codes qui sont parfois inconnus du sportif. Alors, même si cet environnement, ses contraintes et ses exigences me font souffrir, qu'elles me paraissent difficilement supportables, peut-être puis-je repousser encore un peu ?...

En s'appuyant sur des critères objectifs comme son rapport au Plaisir, au corps, à sa fatigue, le champion pourra dépasser ces notions et arriver à la formulation d'une décision sereine, comme en témoigne Peter Gade[1] : « *Au moment de mon arrêt, je crois que dans ma situation, après avoir été un joueur de badminton au plus haut niveau et après avoir aussi géré beaucoup de pression de l'extérieur, j'ai senti qu'il y avait une combinaison de facteurs. Que mentalement, physiquement et en prenant aussi en compte les aspects familiaux, j'arrivais à une limite. Je ne voulais pas finir sur le déclin, mais au top. D'une*

1. Le nom de ce champion de badminton, jeune retraité et désormais entraîneur de l'équipe de France, ne vous dit peut-être rien. Mais Peter Gade, dans son pays d'origine – le Danemark –, comme dans de nombreux pays où son sport est très populaire, en Asie notamment, fait figure de légende du jeu. Ancien n° 1 mondial de la discipline en 1998. Champion d'Europe en simple et en équipes en 1998, 2000, 2004, 2006, 2010 et champion du monde Juniors en 1994, il est considéré comme l'un des plus grands joueurs de l'histoire de ce sport.

certaine manière, c'était aussi un soulagement de toute cette pression mentale et physique. J'y ai pensé dès 2010 et j'ai arrêté après les JO en 2012. Le fait de ne pas avoir de médaille olympique m'a aussi poussé à continuer. Mais je n'ai pas eu de regret d'avoir arrêté sans l'avoir eue. »

Faire le bilan et prendre du recul sur ce qui a été accompli

L'inconscient comme le conscient s'invitent donc également au débat sur la faisabilité de cette fin en posant aussi la question **du bilan** et, ainsi, **des regrets**. « *Suis-je prêt à faire le deuil éternel de certains objectifs ? À arrêter là l'ajout de lignes à mon palmarès ?* » Ces questions peuvent être d'autant plus présentes si le sportif a le sentiment de n'avoir pas accompli tout ce dont il rêvait, comme ce fut le cas pour Peter Gade : « *Pendant la préparation de mon dernier match*[1]*, j'analysais mon parcours et j'ai commencé à m'habituer à l'idée. Une bonne partie de ma carrière, j'ai été confronté à cette réflexion que Peter Gade, c'est un grand joueur avec une grande carrière, mais qui n'avait jamais eu de médaille olympique ! Donc cela m'a aussi permis d'anticiper et de gérer correctement cette perspective. Cette réflexion a été dure pendant beaucoup d'années, mais c'est également cela qui m'a poussé à me dépasser pendant très longtemps. Avec cette décision et pendant la préparation de ce dernier match, je me sentais de plus en plus en paix avec cette idée. J'ai pris aussi conscience de l'impact positif que j'avais eu sur mon sport et j'ai ouvert mon regard à cela. Je ne l'avais jamais fait avant, car mon regard était uniquement tourné vers la performance et sur comment*

1. Il s'agit d'un contexte particulier, car Peter Gade eut deux mois pour préparer ce qu'il savait être son dernier match. Un affrontement final au sommet.

être meilleur. Soudainement, j'ai pris conscience de ce que j'avais accompli. »

En sortant d'une logique de regrets (qui existeront quasiment toujours, car peu auront atteint tous leurs objectifs du début) et en portant davantage son regard sur ce qui a été accompli et sur les épreuves qu'il a dû surmonter, le sportif peut commencer à positiver son parcours et à penser posément son arrêt. Un regard rétrospectif, non plus d'expert du haut niveau, mais de futur retraité en somme, qui commence à apprécier le fruit de ses efforts. Être dans le haut niveau, c'est déjà une victoire. Y rester, s'y maintenir, être compétiteur, gagner, perdre, souffrir, persévérer, tout cela a eu un sens, car tout cela a fait grandir le sportif. Humainement, il a vécu quelque chose d'unique. D'exceptionnel.

1.2 La difficile légitimité et le début de l'acceptation

Décider d'arrêter sa carrière sportive pose également la question de la réaction de l'environnement à cette annonce. Le sportif s'interrogera sur sa légitimité – réelle ou perçue – à prendre cette décision. Sur la façon dont sera acceptée cette décision par ses entraîneurs, sa famille, son conjoint et/ou ses amis.

L'annonce à l'entourage : ai-je le droit de dire stop ?

Le monde du haut niveau, d'une façon quelque peu caricaturale, cautionne en règle générale deux « bonnes » raisons d'arrêter :

— **La difficulté du corps à suivre (liée aux blessures ou à l'âge, par exemple) ;**
— **La difficulté à être encore performant.**

La mise en avant de l'une de ces raisons ne saurait de façon globale être contestée par l'entourage et constitue en temps normal une raison valable pour le sportif lui-même. Il n'en va pas de même pour ceux qui, à un moment donné de leur parcours, n'auront plus envie et souhaiteront par exemple passer à autre chose, retourner à la normalité d'une vie ou, plus simplement, la découvrir.

En réalité, si l'entourage direct peut parfois être surpris de ce désir d'arrêter (dans les cas où ni la perf' ni le corps ne sont en grande souffrance ou n'ont cédé, donc), le fantasme du sportif craignant de provoquer une déception énorme à cet environnement est souvent largement supérieur à la réalité. Autrement dit, l'angoisse et la culpabilité du sportif sont bien plus importantes que la frustration réelle de l'environnement sportif et/ou de la famille suite à l'annonce.

Dans le cas de l'environnement du sportif, le plus souvent, passé le coup (éventuel) de la déception ou de la surprise, entraîneurs et dirigeants sont bien vite rattrapés par leurs propres contraintes et se replongent extrêmement rapidement dans leurs prochains objectifs et vers les sportifs dont ils ont la charge. **Le sport de haut niveau n'a en fait le temps de s'arrêter pour personne.** La prochaine compétition est bientôt là et il faut la préparer.

Quant à la famille, dans la majorité des cas, elle se réjouit plus qu'autre chose à l'idée de pouvoir passer plus de temps avec celui qui a tant été éloigné d'eux.

L'entraîneur, enfin, est une cible privilégiée des projections et fantasmes en cas d'arrêt « non légitime ». La crainte de décevoir, voire de trahir celui qui a cru en l'athlète et l'a soutenu est souvent omniprésente dans l'esprit du champion, celui-ci se sentant parfois redevable envers son coach. Encore une fois et comme pour la famille, le plus souvent, les arguments de perte de Plaisir et/ou de sens dans l'activité sont parfaitement entendus par les entraîneurs dès lors que ceux-ci ont avant tout à cœur l'intérêt et le bien-être de leurs sportifs.

Craintes réelles et fantasmées : de multiples angoisses à prendre en compte

Enfin, le processus d'acceptation se heurte à des projections sur soi-même et sur le Moi champion qui va souffrir de cette décision. « Quid *de mon identité de champion et de ce qu'elle me procure ?* »

À un niveau concret, voire matériel, comme dans les symboliques, les questions se bousculent dans l'esprit de l'athlète. Comme on l'entend dans le témoignage ci-dessous de Sébastien Flute, où le fait d'arrêter fut aussi considéré comme une épée de Damoclès pour lui, l'après-carrière n'ayant pas été réellement envisagée auparavant : « *On repart de zéro si l'on n'a pas bien anticipé, comme ce fut mon cas. Il faut accepter que l'on reparte d'en bas. De choses que l'on ne maîtrise pas. On est un débutant à nouveau. Cette acceptation est difficile. C'est comme retourner à l'école : on te parle différemment… En termes d'estime de soi, ce n'est pas facile.* »

Le sportif peut donc quelque peu paniquer à l'idée de cette perspective nouvelle et s'interroger : « *Comment vais-je m'organiser, de quoi vais-je vivre, suis-je suffisamment préparé à cette nouvelle vie ?* » Le sportif ne contrôle pas l'après et sait alors se plonger dans un univers rempli d'inconnues.

Mais il n'y a pas que le concret et les aspects matériels qui peuvent être angoissants. Des angoisses datant du début de la carrière peuvent en effet ressurgir. À leurs débuts, nombre de SHN ont pu s'inquiéter, en cas de non-performance, du maintien de l'intérêt, voire de l'amour autour d'eux (cf. partie I). Maintenant qu'ils s'apprêtent à rendre leur habit de scène, les mêmes interrogations peuvent faire leur retour : « *S'intéressera-t-on toujours à moi, m'aimera-t-on toujours quand je ne serai plus différent, exceptionnel ? Ai-je vraiment la possibilité de m'arrêter sans prendre ce risque ?* » Des questions qui pourront alors violemment déstabiliser le sportif dans sa prise de décision, voire l'amener à repousser l'échéance.

Enfin, le cas de figure du « rejet » du sportif par son environnement est un des scénarios les plus violents. La décision, dès lors qu'elle ne nous appartient pas, tel un employé soudainement renvoyé de son entreprise qu'il aurait fidèlement servie pendant de nombreuses années, est sûrement la plus compliquée à admettre et à gérer. Pas de solutions miracles ici, mais le milieu sportif peut parfois être dur, violent et quelque peu abandonnique. Le sportif essaiera dans ce cas de prendre de la distance avec son activité et de penser au mieux l'après, afin d'arriver à se voir performant dans autre chose que sur le terrain et en se donnant du temps pour cette transition.

2

Après-carrière et reconversion : se confronter à de nouvelles peurs

2.1 La peur du vide : mesurer la place que prenait réellement le sport

Sa décision prise et actée, le sportif va donc entamer sa reconversion. Tout d'abord, il doit s'adapter à des aspects pratiques. Il se confronte à de nouvelles peurs et s'aventure sur un terrain où il n'est plus expert et où les codes du travail sont profondément différents de ce qu'il a connu, comme en parle Sébastien Flute, qui après sa retraite sportive a travaillé, entre 2001 et 2010, pour une compagnie d'assurances : « *Déjà, on change d'organisation et de planning, passant d'une suractivité à plus rien. Ce qui est agréable au début, c'est d'avoir un peu de temps libre. Mais moi, très vite, j'ai trouvé un côté un peu angoissant à cela. Pendant dix ans, je savais ce que j'avais à faire. Là, je me retrouve avec toute la dispo que je veux et dont j'ai souvent rêvé pendant ma carrière. Après, c'était bien d'avoir du temps, mais je fais quoi ? C'était l'inconnu qui allait suivre. Le monde de l'entreprise, avec des gens qui sont intéressés par leur boulot, mais pas forcément passionnés. On se retrouve avec une forme de hiérarchie, alors qu'en étant athlète, tu es maître de ton projet. Les règles ne sont pas les mêmes dans le business que dans le monde du sport.* »

Nouveau rapport au travail, dans un environnement où la passion n'est plus la même et où le perfectionnisme n'a plus cours ou beaucoup moins. Le champion a besoin de vite tourner la page, de vite investir autre chose. Tout comme Sébastien Flute, Peter Gade a tenté un temps de s'intégrer dans le monde du « business », mais lui aussi fut peu emballé par l'expérience : « *Cela aurait pu être dangereux de ne pas trouver quelque chose pour moi à investir tout de suite après. J'ai donc tenté quelque chose au début. J'ai représenté une marque pendant trois ans et voyagé entre l'Asie et l'Europe pour cela. Mais c'était comme un business. J'ai essayé de m'adapter, mais je ne me suis jamais senti à ma place. Ce n'était pas un vrai travail pour moi, au fond. Tout ce que j'avais à faire, c'était signer des autographes ou bien de parler dans des réunions et des séminaires. Cela n'avait pas assez de sens pour moi. Je savais que j'avais quelque chose de plus en moi. Quelque chose qui flottait et qui attendait de s'exprimer. Et puis, l'opportunité de la France est arrivée. C'était un challenge difficile et donc cela m'a plu.* »

L'adaptation à cette nouvelle vie est délicate lorsque l'on sort d'une logique d'excellence. D'une vie où chaque minute compte et où le temps doit être exploité au maximum. Bien sûr, les repères psychiques, eux aussi, vont également être sujets à une nouvelle donne. Le sportif s'est construit et a évolué autour de la notion de dépassement de soi et de compétitivité. Cette absence peut procurer chez lui un manque important. La compétition, il s'en rend compte, ce n'est pas seulement gagner, c'est aussi et surtout la confrontation à l'autre, comme l'explique Peter Gade : « *Il faut se créer une nouvelle vie, un nouveau quotidien. C'est un processus très, très difficile. Après, le plus gros ajustement pour moi, c'était de ne plus m'entraîner tous les jours. De ne plus devoir me dépasser tous les jours, prendre le dessus sur mon adversaire. J'ai dû trouver un équilibre pour arriver à gérer ça. Les tournois, tout ça... Cela ne me manquait pas. Pendant vingt ans, ma vie, c'était gagner des batailles tous les jours. Comme un guerrier, avec des petites batailles quotidiennes et, soudainement, il n'y avait plus de combats... Plus de guerres. J'ai un peu ressenti le vide.* »

Un manque presque maladif ?

Le vide, le rien. Un résumé de la vision d'angoisse qui peut venir frapper le sportif. Le vide, l'inactivité n'a pas fait partie de la vie d'un SHN pendant de longues années. Il n'est pas évident pour eux, entre sport, études et début de carrière, d'avoir même réussi à garder un peu de temps pour leur vie personnelle et pour leurs loisirs. Alors, le rien, comme le dit plus haut Sébastien Flute : « *On en fait quoi ?* »

Passé le confort des quelques semaines moins actives arrive, parfois comme une démangeaison du corps et de l'esprit, un appel. Un manque. Sébastien décrit le sien : « *Il y a eu un sentiment d'inutilité. En tant que SHN, on a le sentiment de servir à quelque chose par rapport au monde extérieur. Après l'arrêt de la carrière, on se demande : "Je sers à quoi ?" C'est peut-être comme quelqu'un au chômage... Chez les SHN, la notion de reconnaissance est sûrement plus importante et donc il s'agit certainement d'un processus encore plus violent. J'ai eu un sentiment de perte. On ne sait plus pourquoi on se lève. Du jour au lendemain, on vit comme après un enterrement... Cela peut sûrement expliquer pourquoi certains reviennent au bout d'un an ou deux. On a besoin de se sentir exister à nouveau. J'ai connu ça, j'ai fait une coupure forcée et je suis revenu dans le milieu du tir à l'arc après trois ans seulement de coupure totale. Après, j'ai dû apprendre à vraiment décrocher. J'ai coupé tous les ponts avec les gens du milieu. J'avais peur de replonger, presque comme une addiction... J'ai fait comme une cure... Une cure du haut niveau. Car au fond de toi, tu sais que ce n'est pas bon d'y revenir !* » Une addiction. Comme pour une drogue, le processus de manque peut être réel et violent. Car et comme pour une drogue dure, le corps comme l'esprit la réclament. En ont besoin.

De manière troublante, j'ai recueilli séparément et à des moments bien distincts les deux témoignages de Sébastien et Peter. Et tous deux m'ont fait la même réflexion et utilisé ce même terme d'« *addiction* » à l'évocation du sentiment de vide à l'arrêt de leur carrière. Tous deux ont également évoqué avoir ressenti la nécessité d'opérer une rupture partielle ou totale avec l'environnement sportif qui leur était familier. Peter Gade en témoigne : « *Après mon arrêt, j'ai dû trouver un équilibre avec cette addiction physique. C'est clairement comme une drogue. Les gens auront du mal à se rendre compte. Je ne voulais pas m'éloigner totalement du badminton, mais m'éloigner de cet environnement que je connaissais depuis vingt ans. Mon sentiment, c'est que cette addiction et ce manque sont bien plus sérieux que l'on peut s'imaginer. Il faut vraiment faire attention à cette dimension.* »

Il n'est donc pas toujours évident de mesurer la place physique et psychique qu'aura pris le sport dans le mode de fonctionnement du champion. Néanmoins, arriver à identifier les freins et résistances au moment de cette décision peut aider à travailler ces éléments, à s'en distancer et à penser l'arrêt non pas comme une petite mort, mais comme une transition. La fin de quelque chose pour le début d'une autre. Plus une réincarnation qu'une réelle mort, donc...

2.2 Se projeter à nouveau : garder le goût de la compétition

On l'a vu, l'arrêt de carrière confronte le sportif de haut niveau à un changement de statut sociétal et psychique. Il perd son exceptionnalité, ou du moins, il le pense. Car, et c'est là son nouveau challenge, il lui faut à présent savoir **si c'est bien le fait d'avoir été dans cet environnement, d'avoir eu ce statut de champion, qui le rend exceptionnel ou c'est ce qu'il a mis en œuvre qui en fait quelqu'un d'exception.**

Lise Anhoury, ancienne responsable de l'unité de psychologie du sport de l'INSEP, s'est particulièrement penchée sur la question de l'arrêt de carrière. Elle en résume ainsi les enjeux :

« *Le sport de haut niveau, c'est ce que l'on donne à voir. C'est comme une vitrine et, avec la fin de carrière, cette vitrine se vide. Cela pose au sportif la question de son identité sans le sport de haut niveau. Il doit alors apprendre à remplir cette vitrine avec des éléments qui lui feront du bien, qui lui procureront du plaisir.*

Le cœur du travail avec le psychologue est donc de l'aider à surmonter cette angoisse du vide et à prendre conscience que, dans son magasin, il y a en réalité de nombreuses ressources. Grâce à celles-ci, il peut se construire une nouvelle identité, une nouvelle vitrine, où le sport de haut niveau ne prendra plus la place principale. »

Un processus de transition est essentiel pour permettre au sportif de se projeter dans une nouvelle vie épanouissante, en valorisant ses compétences et expériences passées.

Demeurer un champion dans l'âme

Le champion n'a pas perdu ses qualités. Ce qui a fait sa force, sa détermination, son sens de l'effort, du sacrifice, son organisation, son goût pour la compétition, tout cela, il le conserve en lui. Il s'agit à présent de trouver une autre voie. Un autre terrain de jeu ou d'expression à ses qualités.

Mais s'il lui faut savoir conserver ces acquis, il lui faudra également savoir changer son regard sur les choses. Découvrir ou redécouvrir. Apprécier ce qu'il n'a pu apprécier avant. Ce fut la démarche de Peter Gade à son arrêt de carrière : « *J'ai commencé à prendre du plaisir dans d'autres choses. À m'ouvrir. Voir mes amis, sortir, jouer de la musique. Après, je suis reparti sur ce que je voulais faire. Donc j'ai commencé à entraîner des jeunes talents. J'ai tout de suite aimé entraîner. J'ai eu le sentiment d'être meilleur à cela que d'être joueur. Puis, le projet d'aller à l'étranger, en France, est arrivé au bon moment. C'était un nouveau challenge, totalement différent. J'ai suivi mon instinct, à savoir que c'était bon pour moi. Et ce n'est pas si évident, car toute ta vie en tant que SHN, tu as pris l'habitude d'aller dans une direction. Devant toi. C'est une vie en noir et blanc : tu gagnes ou tu perds. Et puis là, tu apprends à écouter tes envies. Des envies nouvelles. À ouvrir les yeux. J'ai appris à faire cela et cela a été un réel processus pour moi. Je me suis ouvert à de nouvelles perspectives. Aujourd'hui, j'ai beaucoup appris sur moi-même et je suis beaucoup plus à l'aise avec qui je suis.* »

Comme l'illustre le témoignage de Peter Gade, on se construit une identité à l'arrivée dans le haut niveau, on prend des habitudes, on devient un personnage : un champion. Et puis, il faut savoir laisser partir ce personnage et se réinventer. On reste soi. On reste un champion et un compétiteur, mais au-delà du cliché sur la mort du sportif de haut niveau, la fin de carrière, cela peut être aussi le début d'un enrichissement personnel. Le temps qui a tant manqué est maintenant présent, encore faut-il avoir envie de le saisir. **De voir cette période comme une opportunité et un début davantage que comme une fin.** De la même façon que le champion a appris à voir dans les plus grandes échéances sportives une opportunité de briller plutôt qu'une chance de se rater.

L'opportunité est donc là et le bagage du sportif pour affronter cette nouvelle vie est conséquent, même si bien des domaines lui paraissent encore inconnus. Qu'il continue à se faire confiance. Il sait se mesurer à des difficultés, trouver des solutions, se bagarrer. Les leçons du sport deviendront alors des leçons de vie. Les difficultés d'hier, les solutions de demain.

Le sportif n'est plus acteur de haut niveau, mais il demeure un champion, et comme il aura su le comprendre pour le sport, il lui faudra encore et toujours rêver et tâcher de conserver du Plaisir et du sens à ce qu'il entreprendra.

Cédric Quignon-Fleuret et Peter Gade,
directeur de la performance de la FFBaD.

Conclusion

Le cycle d'un sportif de haut niveau

Maintenant que nous avons terminé notre voyage à travers les différentes étapes de la vie d'un athlète vers le plus haut niveau sportif, essayons de résumer ce qui peut s'apparenter à son cycle, dès lors que l'on se référera à son investissement mental.

La force d'un champion, c'est notamment sa capacité à scinder mentalement les étapes auxquelles il doit faire face et d'y associer l'état d'esprit approprié. Nous pouvons nous référer à une boucle temporelle allant d'une phase d'entraînement à une autre (cf. schéma 6, p. 258).

En nous inspirant de l'ensemble des chapitres précédents et plus particulièrement de ceux traitant de la recherche de l'excellence sportive, le sportif tâchera ainsi d'optimiser chacune de ces périodes.

On distinguera donc les phases suivantes :

— **L'entraînement :** à aborder comme un temps de création et de perfectionnement. Il y sera approprié de se questionner, de se remettre en question, de douter ou de tenter des choses. De savoir jongler entre rigueur et créativité afin d'aborder ce temps de façon stimulante. Principal atout afin d'appréhender de façon positive cette période, parfois rébarbative, car ultra-répétitive : le fait de se référer à des objectifs précis et motivants le plus souvent possible.

— **La mise en condition :** à aborder comme une période de transition. Dans les heures précédant l'événement sportif, l'athlète laisse derrière lui, dans la phase de l'entraînement, ses doutes et ses questionnements. Il bascule progressivement vers son « personnage de champion » et enfile son costume unique et personnel de compétiteur. Sans caricature d'excès de confiance. Il recherche simplement son équilibre, son juste milieu, afin de pouvoir être dans sa meilleure expression.

— **Les routines :** à aborder comme un temps de clarification pour soi. Dans un temps rapproché de la compétition (entre une heure et quelques instants avant), le sportif acte définitivement la rupture avec les autres temps. Il se met au clair avec ses objectifs techniques, physiques et mentaux et peut se faire à lui-même un court rappel de ses consignes. Celles-ci peuvent simplement consister en quelques mots-clés, comme par exemple, « *combatif, confiance, plaisir* ».

— **La compétition :** c'est un temps d'action. Cela peut paraître une évidence, mais il est bon de distinguer le temps de réflexion (questionnement de soi) du temps d'action. Le temps de la compétition est un temps où l'on vient affirmer une conviction, une détermination. Cette affirmation, c'est : « *Je veux faire du sport comme cela. Je veux jouer* *comme cela.* » C'est le moment où le Moi champion doit ressurgir, s'exprimer et c'est de ce fait un lieu d'expression pour la confiance et la créativité de l'athlète.

— **Le débriefing :** on se réfère ici au temps que le sportif prendra pour lui, pour analyser sa propre performance, en faisant preuve d'un maximum d'objectivité. L'analyse sans émotion doit lui permettre de pouvoir faire un juste bilan et d'en tirer les orientations appropriées. L'analyse et l'éventuel jugement sur lui-même interviennent donc après la compétition, jamais pendant. Cette dernière phase achevée, le sportif pourra alors réinjecter l'ensemble de son analyse et de ses conclusions dans une nouvelle phase d'entraînement. Cette nouvelle phase sera enrichie de cette analyse et théoriquement plus stimulante, car proposant aux sportifs de nouveaux challenges immédiats à atteindre.

SCHÉMA 6. LE CYCLE DU SPORTIF DE HAUT NIVEAU

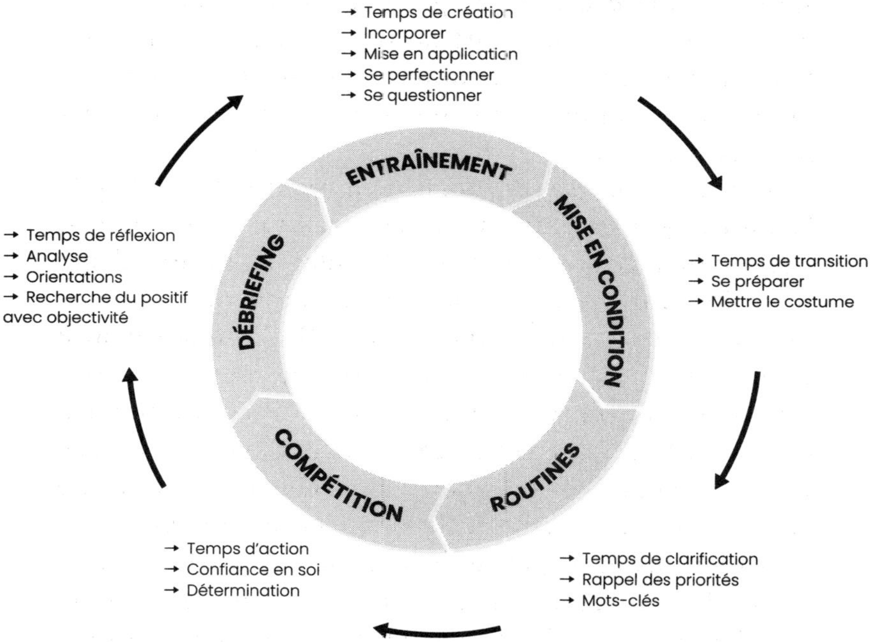

Une dernière pensée

En guise d'au revoir, j'avais envie de raconter une dernière anecdote, plus personnelle cette fois : un événement s'étant produit pendant mon adolescence et qui, bien sûr, s'avérera quelque peu futile comparé à toutes ces belles histoires de champions que vous avez pu lire ci-avant. Néanmoins, il s'agit pour moi d'une forme de première rencontre avec le mental dans le sport et j'aime à penser que si au départ de chaque champion, il y a une part de rêve, il y a souvent également, au départ de chaque passion, un déclic. J'ai donc trouvé intéressant, en toute humilité, de vous faire partager le mien.

À 15 ans, même si je tapais gentiment la balle depuis l'enfance, je jouai mon premier *vrai* tournoi de tennis. Lors de mon premier match, j'affrontai un homme d'une trentaine d'années, assez faible techniquement et, sans lui faire injure, assez peu en forme. Bref, un adversaire totalement à ma portée. Après un bon début de partie qui me vit mener au score, 5 jeux à 2, il me déstabilisa en me sifflant plusieurs fois des fautes de pied (des fautes mineures et rarement signalées à ce niveau de compétition, mais cela suffit à me faire paniquer).

Déconcentré, je perdis la première manche 7-5. Je poursuivis misérablement mon effondrement dans le deuxième set et, de fil en aiguille, fus mené jusqu'à 5-0, n'étant dès lors plus qu'à un petit jeu de la défaite et de la honte. À cet instant précis, je puis dire que j'étais au fond du gouffre. Déjà, je sentais des larmes me monter aux yeux et la colère m'étreindre.

Mon père, qui m'entraînait depuis une quinzaine de jours quotidiennement, avait ce jour-là été retenu et n'avait pu arriver pour le début de la rencontre. Prévenu qu'il arriverait dans la matinée, probablement durant le match, j'avais guetté son apparition à plusieurs reprises, sans succès. Alors que je retournais vers ma chaise pour me désaltérer, j'aperçus alors son visage impassible au bord du court. Il était sans doute arrivé quelques jeux auparavant et m'avait silencieusement observé. Tête basse et regard dans le vide, je me dirigeai vers lui...

À travers la grille, mon père me donna, de sa voix tranquille et rassurante, deux conseils tactiques d'une simplicité absolue : « *Lance plus haut ta première balle de service et monte au filet sur son deuxième service à lui.* »

J'écoutai et j'appliquai. De toute façon, je manquais de mots et d'idées. Mais surtout, les consignes de mon père l'entraîneur s'apparentèrent à des paroles d'Évangile dans un tel moment de solitude.

Fort de mes nouvelles consignes, je gagnai directement les premiers points sur ma mise en jeu. Je reprenais progressivement confiance et remontais au score. Inexorablement. J'enchaînais les jeux. Et à chaque point marqué, je me sentais reprendre l'ascendant. Tant et si bien que rapidement, je sentis que je ne pouvais plus perdre.

Sentiment confirmé. Mené 0-5, je remportai la seconde manche 7 jeux à 5. Je conclus le troisième set 6-0. Une formalité. Mon père présent, je n'avais plus perdu un seul jeu. En me serrant la main à la fin du match, mon adversaire lança à mon père, sourire en coin : « *Vous auriez pu quand même arriver 5 minutes plus tard...* »

Le sport est un lieu d'émotions et l'aspect mental y est prédominant. Je l'ai vite saisi et comme moi, tous les amateurs passionnés. Un simple regard, parfois juste une présence et notre confiance d'un coup peut bondir. Notre niveau se transcender. Notre potentiel se révéler.

Cette expérience simple, que nous avons été nombreux à expérimenter un jour ou l'autre sur un terrain ou dans une salle de sport, c'est aussi cela qui fait de nous des amoureux, des passionnés de sport.

C'est aussi de cette expérience personnelle que nous avons pu avoir un jour, même vécue à un faible niveau de compétition, que nous tenons cette conviction, cette croyance, devant notre télévision ou dans les tribunes, que ces champions, les vrais qui évoluent face à nous ou sous nos yeux, nous ressemblent un peu… Au fond.

Ils sont comme nous et donc avant tout profondément humains. Et eux aussi, se dit-on, au hasard d'une parole ou d'un geste, au détour d'un encouragement ou d'un cri, peuvent se transcender. Basculer émotionnellement. Et libérer leur potentiel dans un ballet de mouvements. Dans une chorégraphie de bruit et de sueur.

Alors, nous encourageons, nous crions, nous les poussons. Même s'ils ne nous entendent pas. N'est-ce pas inutile, me direz-vous ? Mais « *c'est bien plus beau lorsque c'est inutile !* » comme le dit Cyrano de Bergerac.

Nous communiquons notre passion, car nous espérons, nous avons envie, très envie d'y croire. De vibrer pour eux et avec eux. De rêver avec eux. De partager, au bout du compte, un peu de leurs exploits, que nous nous ne toucherons pas.

Déshabillé de son strass et de ses paillettes, épuré de ses scandales et de ses excès, je continue pour ma part à concevoir le sport de haut niveau comme ce qu'il y a de plus pur et de plus brutalement honnête dans l'humain. C'est fondamentalement l'effort, la foi en soi, l'adversité à laquelle se confronter et la finalité juste, simple et sans compromis de ce qui était mis en jeu : on gagne ou on perd.

Mais cela nous appartient.

Dans la victoire comme dans la défaite, l'histoire compte.

Le parcours compte.

La vision compte.

J'étais heureux de pouvoir vous faire partager la mienne dans ce livre.

Table des matières

PARTIE II

« À la recherche de l'excellence sportive »

Être champion parmi les champions

Conclusion

Directeur : Didier Férat
Directeur éditorial : Jean-Philippe Bouchard
Édition : Corentin Bréhard
Couverture : Marina Delranc
Mise en pages : Nord Compo
Schémas : Romane Petit / Enamor studio
Fabrication : Emmanuelle Laine

Cet ouvrage a été achevé d'imprimer en mai 2025
dans les ateliers de Normandie Roto Impression s.a.s.
61250 Lonrai (Orne)
N° d'impression : 2501525

Imprimé en France